扫码听书

JIDONGCHE JIASHI PEIXUN HANGYE GUANLI
BAIWEN BAIDA

机动车驾驶培训行业管理
百问百答

交通运输部公路科学研究院
人民交通出版社股份有限公司 编

人民交通出版社股份有限公司
北京

内 容 提 要

本书通过问答形式,就《机动车驾驶员培训管理规定》(交通运输部令2022年第32号)及相关政策文件内容进行梳理和解读,内容包括基本情况、经营备案、教练员管理、经营管理、监督检查、法律责任及附录七部分,主要介绍了机动车驾驶员培训备案管理基本情况;归纳了机动车驾驶员培训机构履行教练员管理、经营主体责任,落实备案管理的有关要求;梳理了管理部门监督检查要求及相关违规行为处罚规定等。

本书可作为交通运输管理部门、机动车驾驶员培训机构等单位开展行业政策培训,相关人员学习机动车驾驶培训相关知识的辅助用书。

图书在版编目(CIP)数据

机动车驾驶培训行业管理百问百答/交通运输部公路科学研究院,人民交通出版社股份有限公司编.—北京:人民交通出版社股份有限公司,2022.12

ISBN 978-7-114-17866-5

Ⅰ.①机… Ⅱ.①交…②人… Ⅲ.①汽车驾驶员—培训—组织机构—行业管理—问题解答 Ⅳ.①U471.3-44

中国版本图书馆 CIP 数据核字(2022)第 222459 号

书　　名:	机动车驾驶培训行业管理百问百答
著　作　者:	交通运输部公路科学研究院　人民交通出版社股份有限公司
责任编辑:	王金霞　范　坤
责任校对:	孙国靖　宋佳时
责任印制:	张　凯
出版发行:	人民交通出版社股份有限公司
地　　址:	(100011)北京市朝阳区安定门外外馆斜街3号
网　　址:	http://www.ccpcl.com.cn
销售电话:	(010)59757973
总　经　销:	人民交通出版社股份有限公司发行部
经　　销:	各地新华书店
印　　刷:	北京虎彩文化传播有限公司
开　　本:	880×1230　1/32
印　　张:	5.75
字　　数:	135千
版　　次:	2022年12月　第1版
印　　次:	2023年12月　第2次印刷
书　　号:	ISBN 978-7-114-17866-5
定　　价:	45.00元

(有印刷、装订质量问题的图书,由本公司负责调换)

编写组

主　　编：孟兴凯　张　琼　曾　诚
副 主 编：李　洁　刘泽宇　刘　畅
编写人员：蔡凤田　何　亮　高嘉蔚
　　　　　罗文慧　周　刚　苗　旭
　　　　　夏鸿文　吴初娜　王雪然

前言
Preface

随着经济社会的快速发展和人民群众生活水平的不断提高,我国机动车保有量持续快速增长,掌握机动车驾驶技术已成为一项重要的生活技能。机动车驾驶培训肩负着传授安全驾驶技能、弘扬交通文明理念的重要使命,是培养驾驶员安全文明意识的关键环节,也是筑牢道路交通安全的第一道防线。为深化机动车驾驶培训行业"放管服"改革,优化营商环境,进一步激发市场主体活力,2022年3月,国务院公布了《国务院关于修改和废止部分行政法规的决定》(国务院令第752号),明确将机动车驾驶员培训许可改为备案管理。依据国务院"放管服"改革要求和《中华人民共和国道路运输条例》,交通运输部修订并公布了《机动车驾驶员培训管理规定》(交通运输部令2022年第32号),对取消机动车驾驶员培训许可后健全备案管理制度、强化教练员管理、规范驾驶培训经营活动以及加强事中事后监管等做了具体规定。此外,为加强机动车驾驶培训与考试衔接,2022年3月,交通运输部会同公安部修订了《机动车驾驶培训教学与考试大纲》(交运发〔2022〕36号),发布了《轻型牵引挂车驾驶员培训基本业务条件(试行)》(交通运输部公告2022年第26号),规范机动车驾驶员培训教学相关要求。

为帮助机动车驾驶培训行业管理人员和机动车驾驶员培

训机构相关人员准确把握和理解机动车驾驶培训行业管理政策及相关要求,交通运输部公路科学研究院联合人民交通出版社股份有限公司组织编写了《机动车驾驶培训行业管理百问百答》。本书通过问答形式,对《机动车驾驶员培训管理规定》(交通运输部令2022年第32号)、《机动车驾驶培训教学与考试大纲》(交运发〔2022〕36号)进行了解读,对机动车驾驶培训行业管理的相关问题进行了梳理和解答,重点介绍了机动车驾驶员培训许可改为备案管理后涉及的经营备案、教练员管理、经营管理、监督检查和法律责任等内容,并在附录中整理了交通运输部近期发布的部门规章、通知和公告等政策文件。

本书在编写过程中,充分吸收了天津、内蒙古、江苏、浙江、福建、江西、山东、河南、湖南、广东、重庆、四川等省(自治区、直辖市)机动车驾驶培训行业管理部门的意见和建议,期间也得到了交通运输部运输服务司以及有关行业专家的大力支持和帮助,在此表示真诚的感谢。

由于编者水平有限,书中难免有疏漏之处,敬请广大读者批评指正。

编写组
2022 年 11 月

第一章 基本情况

1. 《机动车驾驶员培训管理规定》的修订背景是什么？ …… 002
2. 《机动车驾驶员培训管理规定》的修订原则是什么？ …… 003
3. 《机动车驾驶员培训管理规定》修订主要内容有哪些？ …………………………………………………… 004
4. 机动车驾驶员培训业务具体包括哪些内容？ ………… 005
5. 机动车驾驶员培训许可改备案后，从事机动车驾驶员培训业务还需要具备相应条件吗？ ………… 005
6. 原机动车驾驶员培训许可证件在有效期内的驾培机构，是否需要备案？ ………………………… 006
7. 已按照《交通运输部关于做好机动车驾驶员培训经营备案有关工作的通知》（交运函〔2021〕248号）要求备案的驾培机构，是否需要重新办理备案？ ………… 006
8. 与机动车驾驶员培训业务相关的法律法规、部门规章、政策文件及标准规范有哪些？ ……………………… 007

第二章 经营备案

9. 新《机动车驾驶员培训管理规定》施行后，从事机动车驾驶员培训业务，在什么情形下需要办理备案？ ………… 010

10. 机动车驾驶员培训业务如何进行分类备案？⋯⋯⋯⋯ 010
11. 从事机动车驾驶员培训业务的，应在什么时候向谁备案？⋯⋯⋯⋯⋯⋯⋯⋯⋯⋯⋯⋯⋯⋯⋯⋯⋯⋯⋯⋯ 011
12. 机动车驾驶员培训备案流程是什么？⋯⋯⋯⋯⋯⋯ 011
13. 普通机动车驾驶员培训业务的培训车型种类如何划分？⋯⋯⋯⋯⋯⋯⋯⋯⋯⋯⋯⋯⋯⋯⋯⋯⋯⋯⋯⋯ 011
14. 从事普通机动车驾驶员培训业务的，备案时如何确定分级？⋯⋯⋯⋯⋯⋯⋯⋯⋯⋯⋯⋯⋯⋯⋯⋯⋯⋯⋯ 012
15. 从事机动车驾驶员培训业务的，备案时应提交哪些材料？⋯⋯⋯⋯⋯⋯⋯⋯⋯⋯⋯⋯⋯⋯⋯⋯⋯⋯⋯ 013
16. 交通运输主管部门办理备案时有哪些要求？⋯⋯⋯ 014
17. 交通运输主管部门办理备案时如何编制备案编号？⋯⋯ 014
18. 从事普通机动车驾驶员培训的理论教练员应具备什么条件？⋯⋯⋯⋯⋯⋯⋯⋯⋯⋯⋯⋯⋯⋯⋯⋯⋯⋯⋯ 015
19. 从事普通机动车驾驶员培训的驾驶操作教练员应具备什么条件？⋯⋯⋯⋯⋯⋯⋯⋯⋯⋯⋯⋯⋯⋯⋯⋯⋯ 015
20. 从事道路客货运输驾驶员从业资格培训的教练员应具备什么条件？⋯⋯⋯⋯⋯⋯⋯⋯⋯⋯⋯⋯⋯⋯⋯⋯ 016
21. 从事危险货物运输驾驶员从业资格培训的教练员应具备什么条件？⋯⋯⋯⋯⋯⋯⋯⋯⋯⋯⋯⋯⋯⋯⋯⋯ 016
22. 从事普通机动车驾驶员培训业务的，配备的教学车辆应满足什么要求？⋯⋯⋯⋯⋯⋯⋯⋯⋯⋯⋯⋯⋯⋯ 017
23. 从事道路运输驾驶员从业资格培训业务的，配备的教学车辆应满足什么要求？⋯⋯⋯⋯⋯⋯⋯⋯⋯⋯ 017
24. 从事机动车驾驶员培训业务的，配备的教练员数量应满足什么要求？⋯⋯⋯⋯⋯⋯⋯⋯⋯⋯⋯⋯⋯⋯⋯ 018
25. 交通运输主管部门应向社会公布备案驾培机构的哪些信息？⋯⋯⋯⋯⋯⋯⋯⋯⋯⋯⋯⋯⋯⋯⋯⋯⋯⋯ 018

26. 驾培机构如何办理备案变更? ………………………… 019
27. 驾培机构终止经营是否需要告知备案部门? ………… 019
28. 备案普通机动车驾驶员培训业务时,提交的教练场地
    技术条件说明材料包括哪些内容? …………………… 019
29. 备案普通机动车驾驶员培训业务时,提交的教学车辆
    技术条件、车型及数量证明具体包括哪些信息? …… 021
30. 备案普通机动车驾驶员培训业务时,提交的机构设置、
    岗位职责和管理制度材料包括哪些内容? …………… 022
31. 备案普通机动车驾驶员培训业务时,提交的各类设施
    设备清单包括哪些? …………………………………… 024
32. 备案普通机动车驾驶员培训业务时,提交的拟聘用人员
    名册、职称证明包括哪些信息? ……………………… 026
33. 从事机动车驾驶员培训教练场经营业务的,应具备什么
    条件? …………………………………………………… 027
34. 开展轻型牵引挂车驾驶员培训的驾培机构应具备哪些
    条件? …………………………………………………… 028

第三章 教练员管理

35. 如何落实教练员职业技能等级制度? ………………… 030
36. 驾培机构聘用教练员时有哪些要求? ………………… 031
37. 驾培机构应选择具备什么要求的驾驶操作教练员
    开展轻型牵引挂车驾驶员培训? ……………………… 031
38. 驾培机构应对教练员开展哪些培训与教育? ………… 031
39. 教练员在教学过程中应遵守哪些行为规范? ………… 032
40. 如何对教练员开展教学质量信誉考核? ……………… 033
41. 驾培机构建立的教练员档案应包括哪些内容? ……… 033
42. 教练员档案与教练员信息档案有什么区别? ………… 033

第四章 经营管理

43. 驾培机构备案后需要继续保持业务条件吗? ……… 036
44. 驾培机构应向社会公示哪些信息? ……………… 036
45. 驾培机构为何要与学员签订培训合同? ………… 036
46. 驾培机构与学员签订的培训合同应明确哪些内容? … 037
47. 驾培机构的备案地是指哪些区域? ……………… 037
48. 驾培机构在经营活动中不得采用哪些不正当手段? … 037
49. 为什么鼓励驾培机构提供计时培训计时收费、先培训后付费服务模式? ………………………… 038
50. 对学员每天理论培训时间和实际操作培训时间有何规定? …………………………………………… 039
51. 驾培机构确定学时收费标准需考虑哪些因素? …… 039
52. 机动车驾驶员培训包括哪些教学内容? ………… 040
53. 对各车型的培训学时有什么要求? ……………… 040
54. 驾培机构组织实施教学时,对每学时的有效教学时间有什么要求? ………………………………… 041
55. 对于已持有机动车驾驶证,增加 C1、C2、C3、C4、D、E、F 准驾车型以及变更为 C5 准驾车型的,对培训内容和培训学时有什么要求? ……………………… 041
56. 驾培机构可以采取哪些教学方式对学员进行理论培训? …………………………………………… 041
57. 驾培机构采用多种教学方式开展理论培训时,对课堂教学学时有什么要求? ……………………… 042
58. 驾培机构开展课堂教学时,可以安排哪些教学内容? …………………………………………… 042

59. 驾培机构组织学员进行实际操作培训时,对模拟教学学时有什么要求? ……………………………………… 043
60. 驾培机构开展模拟教学选用的汽车驾驶培训模拟器应具备什么条件? ……………………………………… 043
61. 驾培机构采用汽车驾驶培训模拟器开展模拟教学时需要注意哪些事项? …………………………………… 044
62. 为什么"安全文明驾驶常识"要与"道路驾驶"融合教学? ……………………………………………………… 044
63. "安全文明驾驶常识"与"道路驾驶"如何进行融合教学? ……………………………………………………… 045
64. "基础和场地驾驶"与"道路驾驶"如何进行交叉训练? ………………………………………………………… 045
65. 机动车驾驶培训教学大纲对各车型的培训里程有什么要求? …………………………………………………… 046
66. 驾培机构如何使用好《驾驶培训教学日志》? ……… 046
67. 驾培机构如何落实好《机动车驾驶培训教学与考试大纲》(交运发〔2022〕36号)? ……………………… 047
68. 驾培机构为申领A2和B2准驾车型驾驶证的学员提供培训服务时,应注意哪些内容的培训? ………… 047
69. 驾培机构制定的教学计划应包括哪些要素? ……… 048
70. 驾培机构如何对学员进行结业考核? ……………… 048
71. 驾培机构向学员发放《结业证书》时有哪些规定? …… 048
72. 驾培机构建立的学员档案包括哪些内容? ………… 049
73. 驾培机构使用的教学车辆应满足哪些要求? ……… 049
74. 轻型牵引挂车教学车辆应满足哪些要求? ………… 049
75. 驾培机构如何对教学车辆进行维护和检测? ……… 050
76. 驾培机构建立的教学车辆档案包括哪些内容? …… 051
77. 驾培机构开展实际驾驶操作培训有什么要求? …… 051

78. 驾培机构可以使用哪些科技手段开展驾驶培训? ………… 051
79. 驾培机构如何规范使用《培训记录》? ………………… 052
80. 驾培机构要向交通运输主管部门报送哪些信息? ……… 052
81. 驾培机构质量信誉考评办法和学员满意度评价实施
    细则由谁制定? ……………………………………… 052
82. 驾培机构质量信誉考评包括哪些内容? ………………… 053
83. 驾培机构学员满意度评价包括哪些内容? ……………… 053
84. 不按全国统一的教学大纲进行培训的情形有哪些? …… 053
85. 新增轻型牵引挂车驾驶员培训业务后,驾培机构
    应设置哪些训练项目设施? ………………………… 053
86. 新增轻型牵引挂车驾驶员培训业务后,驾培机构的
    场地规模应满足什么要求? ………………………… 054

第五章　监督检查

87. 交通运输主管部门应从哪些方面加强对机动车驾驶员
    培训经营活动的监督检查? ………………………… 056
88. 交通运输主管部门开展监督检查有哪些方法
    和要求? ……………………………………………… 056
89. 交通运输主管部门可对新备案的驾培机构重点开展
    哪些方面的监督检查? ……………………………… 056
90. 交通运输主管部门开展监督检查时,驾培机构相关
    人员应怎么做? ……………………………………… 057
91. 对未保持经营项目所需的业务条件的驾培机构如何
    处理? ………………………………………………… 057
92. 交通运输主管部门如何健全信用管理制度? ………… 058
93. 交通运输主管部门如何建立健全协同监管机制? …… 058
94. 相关行业协会如何开展工作促进驾培行业发展? …… 058

第六章 法律责任

95. 对未按规定办理备案或未按规定办理备案变更从事机动车驾驶员培训业务的,如何处罚? ⋯⋯ 060
96. 驾培机构备案时提交虚假备案材料的,如何处罚? ⋯⋯ 060
97. 驾培机构不严格按照规定进行培训或发放培训结业证书时弄虚作假的,如何处罚? ⋯⋯ 060
98. 驾培机构未落实教练员管理主体责任的,如何处罚? ⋯⋯ 061
99. 驾培机构不按规定开展经营活动的,如何处罚? ⋯⋯ 061
100. 教练员违反相关规定要求的,如何处罚? ⋯⋯ 062
101. 交通运输主管部门的工作人员违反相关规定要求的,如何处罚? ⋯⋯ 062

附录1 机动车驾驶员培训管理规定
(交通运输部令2022年第32号) ⋯⋯ 063

附录2 2016年版、2022年版《机动车驾驶员培训管理规定》对照表 ⋯⋯ 082

附录3 交通运输部办公厅关于做好《机动车驾驶员培训管理规定》贯彻实施工作的通知
(交办运〔2022〕66号) ⋯⋯ 113

附录4 交通运输部 公安部关于印发机动车驾驶培训教学与考试大纲的通知
(交运发〔2022〕36号) ⋯⋯ 117

附录5 交通运输部关于发布《轻型牵引挂车驾驶员培训基本业务条件(试行)》的公告
(交通运输部公告2022年第26号) ⋯⋯ 164

Chapter 1

第一章　基本情况

1 《机动车驾驶员培训管理规定》的修订背景是什么？

近年来，随着国务院"放管服"改革持续深化，人民群众学习驾驶的需求不断变化，以及公安部机动车驾驶员考试制度改革加快推进，《机动车驾驶员培训管理规定》（交通运输部令2016年第51号）已不适应当前机动车驾驶培训市场发展的新形势、新情况，主要表现在以下3个方面。

(1) 亟需贯彻"放管服"改革部署，落实"许可改备案"要求。2022年3月，国务院发布《国务院关于修改和废止部分行政法规的决定》（国务院令第752号），对《中华人民共和国道路运输条例》进行了修改，明确了机动车驾驶员培训许可改为备案管理的相关要求，需要配套修改相关内容。

(2) 亟需适应人民群众学习驾驶的新需求，建立健全协同治理体系。随着培训学员年龄跨度增大、培训需求逐渐多元化、安全文明和绿色出行理念普及，学员驾驶培训个性化、差异性的需求更加凸显，对素质教育、教学方式、经营服务方式、个人权益保障等方面提出了更高要求，如何通过学员满意度评价、培训考试信息共享、事中事后监管等途径推动构建行业协同治理体系，需要通过修订《机动车驾驶员培训管理规定》统筹安排。

(3) 亟需做好与相关制度改革的衔接，优化调整行业顶层设计。近年来，国务院先后明确取消了机动车驾驶培训教练员的从业资格认定，取消了普通道路货物运输驾驶员从业资格考试。此外，公安部对《机动车驾驶证申领和使用规定》等部门规章进行了多次修订，调整了相关车型驾驶证申领和考试要求。这些都需要通过修改相关要求予以衔接和落实。

综上,结合相关改革部署和行业发展实际,交通运输部组织修订并发布了《机动车驾驶员培训管理规定》(交通运输部令2022年第32号)。

2 《机动车驾驶员培训管理规定》的修订原则是什么?

《机动车驾驶员培训管理规定》在修订过程中遵循深化改革、统筹衔接、问题导向、利企便民、协同治理的原则,落实"放管服"改革决策部署,适应驾驶培训市场发展变化,进一步激发市场发展活力、优化营商环境、推动机动车驾驶培训行业高质量发展。

(1)坚持深化改革。贯彻落实国务院关于推进机动车驾驶员培训管理制度改革、教练员职业资格制度改革以及备案管理制度改革等决策部署,坚持放管结合、立破并举,充分激发驾驶培训市场主体发展活力。

(2)坚持统筹衔接。统筹协调《机动车驾驶员培训管理规定》与《中华人民共和国道路交通安全法》《中华人民共和国道路运输条例》《交通运输行政执法程序规定》(交通运输部令2021年第6号)、《机动车驾驶证申领和使用规定》(公安部令第162号)等有关法律法规和部门规章衔接,依法调整优化相关制度规定,完善行业发展顶层设计。

(3)坚持问题导向。对标群众反映的行业热点和难点问题,完善相关管理制度和事中事后监管手段,推动交通运输主管部门和机动车驾驶员培训机构(以下简称"驾培机构")规范行业管理和培训行为,优化服务举措,提升培训服务质量。

(4)坚持利企便民。优化备案条件和工作流程,有效降低企业制度性交易成本,实现减环节、减时限、优服务、提效率,给予驾培机构更多经营自主权,进一步优化营商环境,创造公平有序的市场环境,让改革发展成果更多、更好地惠及企业和人民群众。

(5)坚持协同治理。以打造人民满意的机动车驾驶培训为导向,坚持多元共治,充分发挥公安、市场监督管理等相关方职能优势,推动构建以学员满意度评价为基础、相关部门协同共治的治理体系,形成全方位、多层次的驾驶培训管理格局。

3 《机动车驾驶员培训管理规定》修订主要内容有哪些?

《机动车驾驶员培训管理规定》(交通运输部令 2022 年第 32 号)分为 7 章,共 53 条,相比《机动车驾驶员培训管理规定》(交通运输部令 2016 年第 51 号),本次修订共计修改了 37 条,新增了 8 条,删除了 10 条,修订的主要内容包括以下 4 个方面。

(1)建立备案管理制度。一是落实机动车驾驶员培训许可改备案管理的要求,删除涉及行政许可的相关内容。二是明确备案材料要求、程序要求、备案公开监督要求以及不按规定备案的罚则,并对变更备案、终止经营等情形做出规定。三是在保留现有监管措施的基础上,落实国务院关于加强事中事后监管的要求,增加"双随机、一公开"、信用监管以及与公安、市场监督管理等部门加强联合监管等要求,强化行业自律。

(2)完善教练员管理。一是落实国务院关于职业资格评定改革要求,明确教练员实行职业技能等级制度。二是建立健全教练员聘用及管理制度,规定不得聘用教练员的具体情形,同时根据《中华人民共和国安全生产法》《中华人民共和国道路交通安全法实施条例》等要求,增加教练员岗前培训规定和教学乘车安全规范,保障培训教学安全。

(3)规范驾培机构经营活动。一是要求驾培机构与学员签订培训合同,保障学员合法权益。二是规定驾培机构必须在备案的教学场地开展相关培训,减少无序经营、逃避监管等问题。三是新增学员满意度评价要求,完善驾培机构质量信誉考评制度,提升驾培机构经营服务质量。

(4)做好与相关法规的衔接。一是与《中华人民共和国外商投资法》《交通运输行政执法程序规定》进行衔接,删除了不符合外商投资管理制度的规定和涉及行政执法程序的重复内容。二是根据新修订的《机动车驾驶证申领和使用规定》(公安部令第162号),相应调整培训车型等内容。

4 机动车驾驶员培训业务具体包括哪些内容?

机动车驾驶员培训业务是指以培训学员的机动车驾驶能力或者道路运输驾驶人员的从业能力为教学任务,为社会公众有偿提供驾驶培训服务的活动。包括对初学机动车驾驶人员、增加准驾车型的驾驶人员和道路运输驾驶人员所进行的驾驶培训、继续教育以及机动车驾驶员培训教练场经营等业务。

5 机动车驾驶员培训许可改备案后,从事机动车驾驶员培训业务还需要具备相应条件吗?

《中华人民共和国道路运输条例》明确规定了从事机动车驾驶员培训业务需要具备的条件,机动车驾驶员培训许可改为备案管理后,从事机动车驾驶员培训业务仍需符合相关要求。从事普通机动车驾驶员培训业务、道路运输驾驶员从业资格培训业务、机动车驾驶员培训教练场经营业务的,应具备《中华人民共和国道路运输条例》第三十八条的要求,并分别具备《机动车驾驶员培训管理规定》(交通运输部令2022年第32号)中第十条、第十一条、第十二条规定的相关条件。

6 原机动车驾驶员培训许可证件在有效期内的驾培机构,是否需要备案?

(1)在《机动车驾驶员培训管理规定》(交通运输部令2022年第32号)施行之日(即2022年11月1日)前,机动车驾驶员培训许可证件仍在有效期内的驾培机构,可继续按原许可事项开展培训业务,有效期届满前无需进行备案。已获得道路运输驾驶员从业资格培训业务许可的培训机构,在原许可证件有效期内还可以从事相应车型的普通机动车驾驶员培训业务。

(2)许可证件在有效期内,经营项目、培训能力、培训车型、机构名称、法定代表人、教练场地等原许可事项发生变更,或者许可证件有效期届满后继续从事机动车驾驶员培训业务的,应按照《机动车驾驶员培训管理规定》(交通运输部令2022年第32号)的要求,及时到所在地县级交通运输主管部门备案,并提交相应的备案材料。

7 已按照《交通运输部关于做好机动车驾驶员培训经营备案有关工作的通知》(交运函〔2021〕248号)要求备案的驾培机构,是否需要重新办理备案?

在《机动车驾驶员培训管理规定》(交通运输部令2022年第32号)施行之日(即2022年11月1日)前,已按照《交通运输部关于做好机动车驾驶员培训经营备案有关工作的通知》(交运函〔2021〕248号)要求备案的驾培机构,可继续按原备案事项开展培训业务,无需重新办理备案。

8 与机动车驾驶员培训业务相关的法律法规、部门规章、政策文件及标准规范有哪些？

《中华人民共和国道路运输条例》规定,从事机动车驾驶员培训的机构和人员应具备相应的条件,具体体现在以下国家法律法规、部门规章、政策文件和标准规范内：

(1)《中华人民共和国道路交通安全法》；

(2)《中华人民共和国道路运输条例》；

(3)《中华人民共和国道路交通安全法实施条例》；

(4)《机动车驾驶员培训管理规定》(交通运输部令2022年第32号)；

(5)《交通运输部办公厅关于做好〈机动车驾驶员培训管理规定〉贯彻实施工作的通知》(交办运〔2022〕66号)；

(6)《交通运输部关于发布〈轻型牵引挂车驾驶员培训基本业务条件(试行)〉的公告》(交通运输部公告2022年第26号)；

(7)《交通运输部 公安部关于印发机动车驾驶培训教学与考试大纲的通知》(交运发〔2022〕36号)；

(8)《交通运输部办公厅关于做好道路货物运输驾驶员从业资格考试制度改革有关工作的通知》(交办运〔2020〕66号)；

(9)《交通运输部关于发布〈机动车驾驶培训网络远程理论教学技术规范〉的公告》(交通运输部公告2017年第64号)；

(10)《交通运输部 国家工商行政管理总局关于印发〈机动车驾驶培训先学后付、计时收费模式服务合同(示范文本)〉的通

知》(交运发〔2016〕164 号);

(11)《交通运输部关于公布〈机动车驾驶员计时培训系统平台技术规范〉等两项技术规范的公告》(交通运输部公告 2016 年第 17 号);

(12)《公安部 交通运输部关于做好机动车驾驶人培训考试制度改革工作的通知》(公交管〔2016〕50 号);

(13)《国务院办公厅转发公安部 交通运输部关于推进机动车驾驶人培训考试制度改革意见的通知》(国办发〔2015〕88 号);

(14)《机动车驾驶员培训机构资格条件》(GB/T 30340);

(15)《机动车驾驶员培训教练场技术要求》(GB/T 30341);

(16)《汽车驾驶培训模拟器》(JT/T 378);

(17)《机动车驾驶员培训机构培训服务规范》(JT/T 1099);

(18)《机动车驾驶员计时培训系统 第 1 部分:计时终端技术规范》(JT/T 1302.1)。

从事机动车驾驶员培训业务的相关人员应掌握以上法律法规、部门规章、政策文件及标准规范并遵守执行。

Chapter 2

第二章　经营备案

9 新《机动车驾驶员培训管理规定》施行后,从事机动车驾驶员培训业务,在什么情形下需要办理备案？

以下 3 种情形需要办理备案：

（1）自《机动车驾驶员培训管理规定》(交通运输部令 2022 年第 32 号)施行之日(即 2022 年 11 月 1 日)起,新从事机动车驾驶员培训业务的；

（2）机动车驾驶员培训许可证件有效期届满后继续从事机动车驾驶员培训业务的；

（3）在机动车驾驶员培训许可证件有效期内,经营项目、培训能力、培训车型、机构名称、法定代表人、教练场地等原许可事项发生变更的。

10 机动车驾驶员培训业务如何进行分类备案？

机动车驾驶员培训按照经营项目、培训能力和培训内容实行分类备案。

（1）机动车驾驶员培训业务根据经营项目分为普通机动车驾驶员培训、道路运输驾驶员从业资格培训和机动车驾驶员培训教练场经营 3 类。

（2）普通机动车驾驶员培训根据培训能力分为一级普通机动车驾驶员培训、二级普通机动车驾驶员培训和三级普通机动车驾驶员培训 3 类。

（3）道路运输驾驶员从业资格培训根据培训内容分为道路客货运输驾驶员从业资格培训和危险货物运输驾驶员从业资格培

训两类。

从事机动车驾驶员培训业务的，可根据市场需求和发展战略等自行确定备案的经营项目、培训能力和培训内容。

11 从事机动车驾驶员培训业务的，应在什么时候向谁备案？

从事机动车驾驶员培训业务的，应在依法向市场监督管理部门办理有关登记手续后，最迟不晚于开始机动车驾驶员培训业务经营活动的15日内，向所在地县级交通运输主管部门办理备案。

12 机动车驾驶员培训备案流程是什么？

（1）备案人填写《机动车驾驶员培训备案表》，准备相关备案材料。

（2）备案人向所在地县级交通运输主管部门提交备案材料。

（3）县级交通运输主管部门收到备案材料后，对材料齐全且符合要求的，应予以备案并编号归档；对材料不齐全或者不符合要求的，应当场或自收到备案材料之日起5日内一次性书面通知备案人需要补充的全部内容。

13 普通机动车驾驶员培训业务的培训车型种类如何划分？

为进一步提高教练场地等资源的利用率，降低驾培机构经营成本，结合各准驾车型训练项目设施的实际需要，根据《机动车驾驶员培训管理规定》（交通运输部令2022年第32号），普通机动车驾驶员培训业务的培训车型分为大中型客车、大型货车及牵引车、小型客货车、三轮汽车及摩托车和其他五类,详见表2-1。其中,大中型客车包括大型客车(A1)、城市公交车(A3)和中型客车(B1);大型货车及牵引车包括重型牵引挂车(A2)、大型货车(B2)和轻型牵引挂车(C6);小型客货车包括小型汽车(C1)、小型自动挡汽车(C2)、低速载货汽车(C3)和残疾人专用小型自动挡载客汽车(C5);三轮汽车及摩托车包括三轮汽车(C4)、普通三轮摩托车(D)、普通二轮摩托车(E)和轻便摩托车(F);其他包括轮式专用机械车(M)、无轨电车(N)和有轨电车(P)。

普通机动车驾驶员培训车型分类　　　　表2-1

序号	培训车型分类	培训的准驾车型
1	大中型客车	大型客车(A1)、城市公交车(A3)、中型客车(B1)
2	大型货车及牵引车	重型牵引挂车(A2)、大型货车(B2)、轻型牵引挂车(C6)
3	小型客货车	小型汽车(C1)、小型自动挡汽车(C2)、低速载货汽车(C3)、残疾人专用小型自动挡载客汽车(C5)
4	三轮汽车及摩托车	三轮汽车(C4)、普通三轮摩托车(D)、普通二轮摩托车(E)、轻便摩托车(F)
5	其他	轮式专用机械车(M)、无轨电车(N)、有轨电车(P)

14 从事普通机动车驾驶员培训业务的,备案时如何确定分级?

普通机动车驾驶员培训根据培训能力分为一级普通机动车驾驶员培训、二级普通机动车驾驶员培训和三级普通机动车驾驶员培训。从事3类(含3类)以上车型普通机动车驾驶员培训业务的,备案为一级普通机动车驾驶员培训,所配备的教学车辆不少于 80 辆;从事 2 类车型普通机动车驾驶员培训业务的,备案为二级普通机动车驾驶员培训,所配备的教学车辆不少于 40 辆;只从事 1 类车型普通机动车驾驶员培训业务的,备案为三级普通机动车驾驶员培训,所配备的教学车辆不少于 20 辆。

此外,《机动车驾驶员培训机构资格条件》(GB/T 30340)还明确了一级、二级和三级驾培机构的教练场地总面积等具体要求,备案不同级别驾培机构时应对应满足相关要求。

15 从事机动车驾驶员培训业务的,备案时应提交哪些材料?

(1)《机动车驾驶员培训备案表》;
(2)企业法定代表人身份证明;
(3)经营场所使用权证明或者产权证明;
(4)教练场地使用权证明或者产权证明;
(5)教练场地技术条件说明;
(6)教学车辆技术条件、车型及数量证明(从事机动车驾驶员培训教练场经营的无需提交);
(7)教学车辆购置证明(从事机动车驾驶员培训教练场经营的无需提交);
(8)机构设置、岗位职责和管理制度材料;
(9)各类设施、设备清单;
(10)拟聘用人员名册、职称证明;
(11)营业执照;
(12)学时收费标准;

(13)从事普通机动车驾驶员培训业务的,还需提供公安机关交通管理部门出具的相关人员(教练员等)安全驾驶经历证明。

16 交通运输主管部门办理备案时有哪些要求?

县级交通运输主管部门应按照《中华人民共和国道路运输条例》和《机动车驾驶员培训管理规定》(交通运输部令 2022 年第 32 号)的要求实施备案管理,在收到备案材料后,对材料齐全且符合要求的,应予以备案并编号归档;对材料不齐全或者不符合要求的,应当场或者自收到备案材料之日起 5 日内一次性书面通知备案人需要补充的全部内容。

县级交通运输主管部门应向社会公布已备案的驾培机构信息,并及时更新,供社会查询和监督。严禁要求备案人提供《机动车驾驶员培训管理规定》(交通运输部令 2022 年第 32 号)限定以外的其他材料,严禁设置备案前置条件,严禁通过变相许可实施备案,严禁向驾培机构收取备案相关费用。

17 交通运输主管部门办理备案时如何编制备案编号?

备案编号由备案部门按照"备案部门所在行政区域代码 + 四位数字顺序编号(0001)"的规则进行编制。驾培机构办理备案变更时,交通运输主管部门可保持原备案编号不变。

备案部门可以通过信息化手段开展驾培机构备案办理、变更、终止经营等服务管理工作。

18 从事普通机动车驾驶员培训的理论教练员应具备什么条件？

从事普通机动车驾驶员培训业务的，应当有与培训业务相适应的理论教练员，且理论教练员应具备以下条件：

（1）持有机动车驾驶证；

（2）具有汽车及相关专业中专以上学历或者汽车及相关专业中级以上技术职称；

（3）具有2年以上安全驾驶经历；

（4）掌握道路交通安全法规、驾驶理论、机动车构造、交通安全心理学、常用伤员急救等安全驾驶知识，了解车辆环保和节约能源的有关知识，了解教育学、教育心理学的基本教学知识，具备编写教案、规范讲解的授课能力。

19 从事普通机动车驾驶员培训的驾驶操作教练员应具备什么条件？

从事普通机动车驾驶员培训业务的，应当有与培训业务相适应的驾驶操作教练员，且驾驶操作教练员应具备以下条件：

（1）持有相应的机动车驾驶证；

（2）年龄不超过60周岁；

（3）符合一定的安全驾驶经历和相应车型驾驶经历；

（4）熟悉道路交通安全法规、驾驶理论、机动车构造、交通安全心理学和应急驾驶的基本知识，了解车辆维护和常见故障诊断等有关知识，具备驾驶要领讲解、驾驶动作示范、指导驾驶的教学能力。

20 从事道路客货运输驾驶员从业资格培训的教练员应具备什么条件？

从事道路客货运输驾驶员从业资格理论知识培训的，教练员应持有机动车驾驶证，具有汽车及相关专业大专以上学历或者汽车及相关专业高级以上技术职称，具有2年以上安全驾驶经历，熟悉道路交通安全法规、驾驶理论、旅客运输法规、货物运输法规以及机动车维修、货物装卸保管和旅客急救等相关知识，了解教育学、教育心理学的基本教学知识，具备编写教案、规范讲解的授课能力，具有2年以上从事普通机动车驾驶员培训的教学经历，且近2年无不良的教学记录。从事应用能力教学的教练员，还应具有相应车型的驾驶经历，熟悉机动车安全检视、伤员急救、危险源辨识与防御性驾驶以及节能驾驶的相关知识，具备相应的教学能力。

21 从事危险货物运输驾驶员从业资格培训的教练员应具备什么条件？

从事危险货物运输驾驶员从业资格理论知识培训的，教练员应持有机动车驾驶证，具有化工及相关专业大专以上学历或者化工及相关专业高级以上技术职称，具有2年以上安全驾驶经历，熟悉道路交通安全法规、驾驶理论、危险货物运输法规、危险化学品特性、包装容器使用方法、职业安全防护和应急救援等知识，具备相应的授课能力，具有2年以上化工及相关专业的教学经历，且近2年无不良的教学记录。从事应用能力教学的，还应具有相应车型的驾驶经历，熟悉机动车安全检视、伤员急救、危险源辨识与防御性驾驶以及节能驾驶的相关知识,具备相应的教学能力。

22 从事普通机动车驾驶员培训业务的,配备的教学车辆应满足什么要求?

从事普通机动车驾驶员培训业务的,应按照要求配备必要的教学车辆,其车辆技术状况和数量应满足以下要求。

(1)教学车辆应符合《机动车运行安全技术条件》(GB 7258)和《机动车驾驶员培训机构资格条件》(GB/T 30340)等标准要求,并装有副后视镜、副制动踏板、灭火器及其他安全防护装置。

(2)从事一级普通机动车驾驶员培训的,所配备的教学车辆不少于80辆;从事二级普通机动车驾驶员培训的,所配备的教学车辆不少于40辆;从事三级普通机动车驾驶员培训的,所配备的教学车辆不少于20辆。

23 从事道路运输驾驶员从业资格培训业务的,配备的教学车辆应满足什么要求?

从事道路运输驾驶员从业资格培训业务的,应按照要求配备满足以下条件的教学车辆。

(1)从事道路客货运输驾驶员从业资格培训业务的,应同时具备大型客车、城市公交车、中型客车、小型汽车、小型自动挡汽车等5种车型中至少1种车型的教学车辆和重型牵引挂车、大型货车等2种车型中至少1种车型的教学车辆。

(2)从事危险货物运输驾驶员从业资格培训业务的,应具备重型牵引挂车、大型货车等2种车型中至少1种车型的教学车辆。

（3）所配备的教学车辆不少于 5 辆，且每种车型教学车辆不少于 2 辆；同时从事道路客货运输驾驶员从业资格培训业务和危险货物运输驾驶员从业资格培训业务的，无需重复配备重型牵引挂车、大型货车。

（4）教学车辆技术参数、技术状况与配置应符合《机动车驾驶员培训机构资格条件》（GB/T 30340）等标准要求。

24 从事机动车驾驶员培训业务的，配备的教练员数量应满足什么要求？

从事普通机动车驾驶员培训业务的，应有与培训业务相适应的教学人员，包括理论教练员和驾驶操作教练员。所配备的理论教练员的数量要求及每种车型所配备的驾驶操作教练员的数量要求应符合《机动车驾驶员培训机构资格条件》（GB/T 30340）的要求。

从事道路运输驾驶员从业资格培训业务的，所配备教练员的数量应不低于教学车辆的数量。

25 交通运输主管部门应向社会公布备案驾培机构的哪些信息？

交通运输主管部门要充分利用政府网站、微信公众号等渠道，及时向社会公布本辖区已备案、《机动车驾驶员培训管理规定》（交通运输部令 2022 年第 32 号）实施前已取得许可且仍在有效期内的驾培机构信息，包括驾培机构名称、法定代表人、经营场所、培训车型、教练场地等信息，并及时更新，同时抄送同级公安、市场监督管理等部门。

对于已经备案的驾培机构未保持备案经营项目需具备的业务条件的,交通运输主管部门应责令其限期整改,并将整改要求、整改结果等相关情况向社会公布,同时抄送同级公安、市场监督管理等部门。

26 驾培机构如何办理备案变更?

驾培机构备案事项和营业执照登记事项等相关内容发生变化时,应向原备案部门办理备案变更。

驾培机构变更培训能力、培训车型及数量、培训内容、教练场地等备案事项的,应符合法定条件、标准,并在变更之日起 15 日内向原备案部门办理备案变更。

驾培机构名称、法定代表人、经营场所等营业执照登记事项发生变化的,应在完成营业执照变更登记后 15 日内,向原备案部门办理变更手续。

27 驾培机构终止经营是否需要告知备案部门?

驾培机构需要终止经营的,应在终止经营前 30 日内书面告知原备案部门。驾培机构在终止经营前,应妥善安排好尚未完成培训的学员。

28 备案普通机动车驾驶员培训业务时,提交的教练场地技术条件说明材料包括哪些内容?

教练场地是专门用于机动车驾驶员培训的训练场所。驾培机构应根据《机动车驾驶员培训机构资格条件》(GB/T 30340)、

《机动车驾驶员培训教练场技术要求》(GB/T 30341)和《机动车驾驶培训教学与考试大纲》(交运发〔2022〕36号)等相关要求,并根据培训车型的实际需要进行教练场地规划、设计和建设,教练场地应能满足场内训练项目设施配置和场内道路训练的要求,具备模拟城市街道驾驶技能训练、跟车速度感知能力训练等训练功能。教练场地技术条件说明应包括但不限于以下关键要素,各地交通运输主管部门有明确规定的从其规定。

(1) 教练场地总平面布置图,示例图见图 2-1。

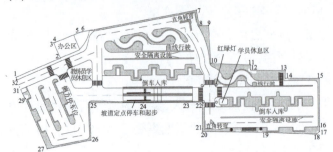

图 2-1 教练场地总平面布置示例图

(2) 教练场地总面积与单车道总长度情况说明,可用表 2-2 的形式说明。

教练场地总面积与单车道总长度情况说明 表 2-2

驾培机构级别	教练场地总面积(m²)	单车道总长度(m)
三级驾培机构	10000	1000

(3) 教练场地训练项目设施配置表,如表 2-3 所示。

教练场地训练项目设施配置表 表 2-3

序号	训练项目设施名称	设施配置数量(个/段/套)	序号	训练项目设施名称	设施配置数量(个/段/套)
1	倒车入库	4	3	侧方停车	4
2	坡道定点停车和起步	1	4	曲线行驶	1

续上表

序号	训练项目设施名称	设施配置数量（个/段/套）	序号	训练项目设施名称	设施配置数量（个/段/套）
5	直角转弯	1	12	停靠货台	—
6	通过单边桥	—	13	模拟高速公路	—
7	倒车移位	—	14	模拟连续急弯山区路	—
8	通过限宽门	—	15	模拟隧道	—
9	窄路掉头	—	16	模拟雨（雾）天湿滑路	—
10	曲线穿桩	—	17	模拟城市街道	1
11	停靠站台	—	18	交通信号灯	
培训车型种类	□大中型客车 □大型货车及牵引车 ☑小型客货车 □三轮汽车及摩托车 □其他车型				

注：1.根据教练场地实际的训练项目设施情况填写，建议每类培训车型填写一张表格；

2.应附上各训练项目设施的技术要求。

（4）教练场地道路路面行车道宽度、圆曲线半径、纵向坡度以及安全条件等说明。

29 备案普通机动车驾驶员培训业务时，提交的教学车辆技术条件、车型及数量证明具体包括哪些信息？

教学车辆是机动车驾驶员培训的核心教学设备，其技术状况应符合《机动车运行安全技术条件》(GB 7258)和《机动车驾驶员培训机构资格条件》(GB/T 30340)的技术要求,应装有副后视镜、副制动踏板、灭火器及其他安全防护装置。教学车辆技术条件、车型及数量证明具体包括但不限于教学车辆清单示例表(表2-4)内的信息。

教学车辆清单示例表　　　　　表2-4

序号	车辆类型	培训车型	号牌号码	品牌型号	副后视镜	副制动踏板	灭火器	车辆技术参数	……
1	小型普通客车	C2	京A●××××学	×××牌×××××	√	√	√	车长4.621m	
2									
3									
…									

注:1. 车辆类型、号牌号码、品牌型号与车辆行驶证上的信息保持一致;
　　2. 车辆技术参数应根据《机动车驾驶员培训机构资格条件》(GB/T 30340)和《轻型牵引挂车驾驶员培训基本业务条件(试行)》(交通运输部公告2022年第26号)对教练车技术参数的要求填写。

30 备案普通机动车驾驶员培训业务时,提交的机构设置、岗位职责和管理制度材料包括哪些内容?

(1)机构设置材料包括教学管理、教练员管理、学员管理、质量管理、安全管理、结业考核和设施设备管理等组织机构及其岗位设置情况。

(2)岗位职责材料包括驾培机构负责人、教学负责人、理论教练员、驾驶操作教练员、安全管理人员、教练车管理人员、设施设备管理人员、计算机管理人员、档案管理人员等岗位职责说明。

（3）管理制度材料包括安全管理制度、教练员管理制度、学员管理制度、培训质量管理制度、结业考核制度、教学车辆管理制度、设施设备管理制度、教练场地管理制度、档案管理制度诚信承诺制度、学员投诉受理制度、培训收费管理制度等，具体要求见表2-5。

驾培机构各项管理制度及内容要求　　表2-5

序号	管理制度名称	内容要求
1	安全管理制度（安全生产责任制度）	应包括驾驶训练安全告知、安全教育、教学现场安全检查与隐患排除、重大事故报告、突发事件应急预案及安全责任倒查等，并建立纸质和电子档案
2	教练员管理制度	应包括教练员聘用、轮训、评议、考核（包括职业道德、执教能力、培训质量、廉洁自律、继续教育记录和学员满意度等）、教练员培训质量排行榜的公布、离岗等，并按每位教练员建立纸质和电子档案
3	学员管理制度	应包括培训合同内容（包括服务内容、收费标准）告知及培训学时计时管理系统、教学日志（含学时确认单）和培训记录的使用等，并按每位学员建立纸质和电子档案
4	培训质量管理制度（教学管理制度）	应包括落实国家统一规定的教学大纲的措施，教学实施计划的制定、检查，培训学时计时管理，教学日志与培训记录的使用、管理，教学现场检查与质量评估等
5	结业考核制度	应包括考核方式、考核规范、考核评定和结业证书的发放等
6	教学车辆及设施设备管理制度	应包括教练车及教学设施设备的使用、检查、维护、检测、更新和报备，并按每辆教练车建立纸质和电子档案

续上表

序号	管理制度名称	内 容 要 求
7	教练场地管理制度	应包括教练场地训练秩序和安全管理,以及相关训练项目设施的检查与维护等
8	档案管理制度	应包括教练员档案、学员档案、教练车档案、教学设施设备档案和安全档案等的收集、保存和管理
9	诚信承诺制度	应包括诚信承诺的内容、形式和落实及培训质量信誉回访等
10	学员投诉受理制度	应包括投诉的方式、投诉的受理、处理结果和处理时限等
11	培训收费管理制度	应包括公示培训收费标准、收费方式及收费的监督管理和报备

31 备案普通机动车驾驶员培训业务时,提交的各类设施设备清单包括哪些?

《机动车驾驶员培训机构资格条件》(GB/T 30340—2013)明确了驾培机构应具备的教学设施设备及其他设施设备的要求,设施设备清单应包括教学设施设备及其他设施设备的设备类别、设备名称、设备数量等信息,示例表见表2-6。

各类设施设备清单示例表　　　　表2-6

序号	设备类别	设备名称	设备生产厂家	设备型号规格	设备数量(台/套)
1	电化教学设备	汽车驾驶培训模拟器	×××××× 有限公司	××××-CMⅡC	5
2					

续上表

序号	设备类别	设备名称	设备生产厂家	设备型号规格	设备数量（台/套）
3					
…					

注：1. 各类设施设备包括教学设施设备及其他设施设备；
　　2. 汽车驾驶培训模拟器、计时培训系统企业应用平台、计时培训系统理论计时终端、计时培训系统车载计时计程终端和计时培训系统模拟计时终端等设施设备应填写生产厂家和型号规格，其余设施设备视情填写。

《机动车驾驶员培训机构资格条件》（GB/T 30340—2013）规定的驾培机构应具备的教学设施设备见表2-7。

驾培机构应具备的教学设施设备　　表2-7

序号	设备类别	设备名称
1	电化教学设备	计算机
2		多媒体教学软件及设备
3		教学磁板
4		机动车驾驶模拟器
5		车辆安全带保护作用体验装置
6	教学管理信息系统	计时培训系统企业应用平台
7		计时培训系统理论计时终端
8		计时培训系统车载计时计程终端
9		计时培训系统模拟计时终端
10	教学挂图	交通信号挂图
11		机动车结构及工作原理挂图
12	模型教具	透明或实物整车解剖模型
13		发动机透明或解剖模型

续上表

序号	设备类别	设备名称
14	医学救护用具	心肺复苏训练模拟人
15		急救用品(包括止血带、三角巾、固定夹板、包扎纱布及汽车急救包等)

注:提供三轮汽车、普通三轮摩托车、普通二轮摩托车、轻便摩托车、无轨电车、有轨电车和轮式自行机械等车型驾驶培训服务的,专用教学设备由省级交通运输主管部门确定。

32 备案普通机动车驾驶员培训业务时,提交的拟聘用人员名册、职称证明包括哪些信息?

拟聘用人员名册、职称证明包括但不限于拟聘用人员的姓名、年龄、身份证号、拟聘岗位、学历、所学专业、技术职称或职业技能等级、驾驶证准驾车型、安全驾驶经历和相应车型驾驶经历等内容,示例表见表2-8。

拟聘用人员名册示例表　　表2-8

序号	姓名	年龄(岁)	身份证号	岗位	学历	所学专业	技术职称或职业技能等级	驾驶证准驾车型	安全驾驶经历(年)	相应车型驾驶经历
1	×××	27	××××××	理论教练员	大专	交通运输工程	四级/中级工	C1	2	—
2										

续上表

序号	姓名	年龄（岁）	身份证号	岗位	学历	所学专业	技术职称或职业技能等级	驾驶证准驾车型	安全驾驶经历（年）	相应车型驾驶经历
3										
…										

注：1. 姓名、年龄、身份证号、岗位、学历为必填项，其余信息可参照以下要求填写：
　　（1）理论教练员还应填写所学专业、技术职称或职业技能等级、驾驶证准驾车型、安全驾驶经历；
　　（2）驾驶操作教练员还应填写驾驶证准驾车型、安全驾驶经历和相应车型驾驶经历。
2. 职称证明包括拟聘用人员的技术职称或职业技能等级。
3. 所学专业、技术职称或职业技能等级、驾驶证准驾车型、安全驾驶经历等应附上相应的证明材料。

33 从事机动车驾驶员培训教练场经营业务的，应具备什么条件？

从事机动车驾驶员培训教练场经营业务的，应具备下列条件。

（1）取得企业法人资格。

（2）有与经营业务相适应的教练场地。具体要求按照《机动车驾驶员培训机构资格条件》（GB/T 30340）、《机动车驾驶员培训教练场技术要求》（GB/T 30341）执行。

（3）有与经营业务相适应的场地设施、设备，办公、教学、生活设施以及维护服务设施。具体要求按照《机动车驾驶员培训机构资格条件》(GB/T 30340)、《机动车驾驶员培训教练场技术要求》(GB/T 30341)执行。

(4)具备相应的安全条件,包括场地封闭设施、训练区隔离设施、安全通道以及消防设施、设备等。具体要求按照《机动车驾驶员培训机构资格条件》(GB/T 30340)、《机动车驾驶员培训教练场技术要求》(GB/T 30341)执行。

(5)有相应的管理人员,包括教练场安全负责人、档案管理人员以及场地设施、设备管理人员。

(6)有健全的安全管理制度,包括安全检查制度、安全责任制度、教学车辆安全管理制度以及突发事件应急预案等。

34 开展轻型牵引挂车驾驶员培训的驾培机构应具备哪些条件?

2022年3月,交通运输部发布的《轻型牵引挂车驾驶员培训基本业务条件(试行)》(交通运输部公告2022年第26号),明确了开展轻型牵引挂车驾驶员培训业务的驾培机构、教练员、教练车、教练场地等相关要求。此外,从事轻型牵引挂车驾驶员培训业务的驾培机构还应符合《机动车驾驶员培训管理规定》(交通运输部令2022年第32号)和《机动车驾驶员培训资格条件》(GB/T 30340)的相关规定。

Chapter 3

第三章　教练员管理

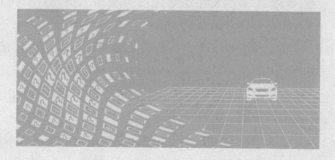

35 如何落实教练员职业技能等级制度？

2016年2月，国务院发布了《国务院关于第二批取消152项中央指定地方实施行政审批事项的决定》（国发〔2016〕9号），明确取消教练员从业资格证认定。2017年9月，人力资源和社会保障部发布了《关于公布国家职业资格目录的通知》（人社部发〔2017〕68号），将教练员纳入国家职业资格目录，并明确为水平评价类技能人员职业资格。2019年12月，国务院常务会议决定分步取消水平评价类技能人员职业资格，推行社会化职业技能等级认定。2020年7月，人力资源和社会保障部办公厅发布《关于做好水平评价类技能人员职业资格退出目录有关工作的通知》（人社厅发〔2020〕80号），明确教练员于2020年12月31日前退出水平评价类技能人员职业资格目录，将其转为职业技能等级认定。

职业技能等级认定是指经人力资源和社会保障部门备案公布的用人单位和社会培训评价组织，按照国家职业技能标准或评价规范对劳动者的职业技能水平进行考核评价的活动，是技能人才评价的重要方式。

用人单位和相关社会组织开展教练员职业技能等级认定，可按照人力资源和社会保障部发布的《职业技能等级评价机构备案事项办理指南（试行）》（人社职司便函〔2021〕57号）等有关要求，到相应人力资源和社会保障部门申请备案为职业技能等级评价机构。

教练员可自愿选择当地已备案的职业技能等级评价机构，按照《机动车驾驶教练员》国家职业技能标准进行职业技能等级认定。

36 驾培机构聘用教练员时有哪些要求？

驾培机构应建立健全教练员聘用管理制度，规范教练员聘用流程和聘用标准，优先聘用取得职业技能等级证书的人员担任教练员，选用驾驶技能娴熟、教学能力强、安全文明素质高的驾驶员担任教练员。

驾培机构不得聘用有以下情形的人员担任教练员：
（1）最近连续3个记分周期内有交通违法记分满分记录的；
（2）发生交通死亡责任事故的；
（3）组织或者参与考试舞弊的；
（4）收受或者索取学员财物的。

37 驾培机构应选择具备什么要求的驾驶操作教练员开展轻型牵引挂车驾驶员培训？

《轻型牵引挂车驾驶员培训基本业务条件（试行）》（交通运输部公告2022年第26号）明确了开展轻型牵引挂车培训的驾驶操作教练员的基本要求，同时要求驾培机构应选择具有2年及以上机动车驾驶操作教学经历的教练员从事轻型牵引挂车驾驶操作教学活动，宜选择具有1年及以上重型牵引挂车驾驶操作教学经验的教练员从事轻型牵引挂车驾驶操作教学活动。

38 驾培机构应对教练员开展哪些培训与教育？

驾培机构要建立健全教练员培训教育制度，加强教练员的岗前培训和再教育,提高教练员的职业素质。

(1)岗前培训应包括道路交通安全法律法规、教学技能、应急处置等相关内容。驾培机构应如实记录岗前培训的时间、内容、参加人员以及考核结果等情况。

(2)再教育应包括教练员职业道德和驾驶新知识、新技术等内容,教练员每年应进行至少一周的培训。

驾培机构可采用线上与线下相结合的方式自行开展教练员的岗前培训和再教育,也可借助行业协会、专业院校等第三方力量开展,培训记录要记入教练员档案。

39 教练员在教学过程中应遵守哪些行为规范?

教练员是学员驾驶技能的传授者、安全意识的塑造者和文明行车理念的培养者,是实施驾驶员"素质教育工程"的关键岗位,肩负着培养安全文明驾驶员的重任。教练员在教学过程中应遵守以下行为规范,确保教学服务水平,保障训练安全:

(1)按照全国统一的教学大纲规范施教;

(2)如实填写《教学日志》和《培训记录》;

(3)道路驾驶教学过程中遵守道路交通安全法律法规;

(4)在道路上进行培训活动时随车指导学员;

(5)不索取、收受学员财物或谋取其他利益;

(6)不骚扰、侮辱、歧视或打骂学员;

(7)不组织或者参与考试舞弊;

(8)不在饮酒后教学;

(9)教学过程中不得将教学车辆交给与教学无关的人员驾驶;

(10)教学过程中不出现与教学无关的行为,如使用移动终端玩游戏、上网聊天等。

40 如何对教练员开展教学质量信誉考核？

省级交通运输主管部门应制定教练员教学质量信誉考核办法，质量信誉考核内容应包括教练员的教学业绩、教学质量排行情况、参加再教育情况、不良记录等。

驾培机构应按照教练员教学质量信誉考核办法，定期组织开展教练员教学质量信誉考核，公布考核结果，并将教练员教学质量信誉考核情况记入教练员档案。

41 驾培机构建立的教练员档案应包括哪些内容？

驾培机构应建立教练员档案，实行一人一档。教练员档案包括教练员的基本情况（包括教练员身份证、驾驶证、学历证明、聘用合同、安全驾驶经历证明等）、职业技能等级证书取得情况、参加岗前培训和再教育情况、教学质量信誉考核情况等。

42 教练员档案与教练员信息档案有什么区别？

驾培机构应将建立的教练员档案主要信息按要求报送县级交通运输主管部门。县级交通运输主管部门应建立教练员信息档案，并通过信息化手段对教练员信息档案进行动态管理。教练员档案与教练员信息档案主要有以下3方面的不同。

（1）建立主体不同。教练员档案由驾培机构建立，教练员信息档案由县级交通运输主管部门建立。

（2）内容不同。教练员档案包括教练员的基本情况、职业技能等级证书取得情况、参加岗前培训和再教育情况、教学质量信誉考核情况等内容。教练员信息档案来源于驾培机构报送的教练员档案的主要信息,具体信息可由县级交通运输主管部门根据管理需求确定。

(3)用途不同。驾培机构建立的教练员档案主要用于对教练员从业过程的管理,方便驾培机构掌握教练员的基本情况和从业情况。教练员信息档案是县级交通运输主管部门根据驾培机构报送的教练员档案的主要信息建立的,是其开展教练员信用监管的基础。

Chapter 4

第四章 经营管理

43 驾培机构备案后需要继续保持业务条件吗？

驾培机构备案后，开展机动车驾驶员培训业务时，其经营项目、培训内容和培训车型及数量等应与备案事项保持一致，并且要保持备案经营项目需具备的教学人员、管理人员、教学车辆以及教学设施、设备和场地等业务条件。

交通运输主管部门应对驾培机构是否保持备案经营项目需具备的业务条件、备案事项与实际从事业务是否一致等情况进行监督检查，对未保持备案经营项目需具备的业务条件的，责令其限期整改，并将整改要求、整改结果等相关情况向社会公布。

44 驾培机构应向社会公示哪些信息？

驾培机构应在经营场所的醒目位置公示其经营项目、培训能力、培训车型、培训内容、收费项目、收费标准、教练员、教学场地、投诉方式、学员满意度评价参与方式、培训预约联系电话和预约方式等情况。

45 驾培机构为何要与学员签订培训合同？

《中华人民共和国民法典》规定，合同是民事主体之间设立、变更、终止民事法律关系的协议。驾培机构应与学员签订培训合同，明确双方权利义务，按照合同约定提供培训服务，保障学员自主选择教练员以及双方的合法权益。

第四章 经营管理

 驾培机构与学员签订的培训合同应明确哪些内容？

根据行业调研,驾培机构与学员产生的纠纷主要涉及培训费用收取、退费处理、培训内容及要求等。因此,驾培机构与学员签订的培训合同,应明确培训车型、培训内容、培训学时、收费标准、费用支付和争议解决等内容。

2016年9月,交通运输部、国家工商行政管理总局联合印发了《机动车驾驶培训先学后付、计时收费模式服务合同(示范文本)》,供学员与驾培机构之间签订机动车驾驶培训先学后付、计时收费模式服务合同时使用。该培训合同示范文本明确了学驾车型、合同有效期、培训内容与学时、培训机构提供的培训服务地址(地点)、费用与支付方式、培训流程与预约考试学时要求、双方的权利和义务、合同的终止与解除、违约责任、争议的解决、其他约定等内容。

47 驾培机构的备案地是指哪些区域？

《中华人民共和国道路运输条例》规定,从事机动车驾驶员培训业务的,应在依法向市场监督管理部门办理有关登记手续后,向所在地县级人民政府交通运输主管部门进行备案。为驾培机构办理备案的县级人民政府交通运输主管部门的行政区域,即为驾培机构的备案地。

 驾培机构在经营活动中不得采用哪些不正当手段？

驾培机构应依法经营,诚实信用,公平竞争,在备案地开展培

训业务,不得采取异地培训、恶意压价、欺骗学员等不正当手段开展经营活动,常见的不正当手段有:

(1) 在备案地以外的区域开展培训的情形(即异地培训);

(2) 不按照备案的收费标准收取学员培训费用、恶意降低培训价格争夺生源等恶意压价的情形;

(3) 采用虚假广告等方式招揽学员、故意以培训学时增加等名义误导学员、擅自降低培训学时或减少培训内容等欺骗学员的情形;

(4) 允许社会车辆以驾培机构名义开展机动车驾驶员培训经营活动的情形;

(5) 允许教练员以驾培机构名义为非本驾培机构的学员提供驾驶培训的情形;

(6) 在备案地范围内未在备案的教练场地开展基础和场地驾驶培训的情形。

为什么鼓励驾培机构提供计时培训计时收费、先培训后付费服务模式?

计时培训计时收费、先培训后付费服务模式是指驾培机构按照《机动车驾驶培训教学与考试大纲》(交运发〔2022〕36号)规定的培训内容和学时要求,与学员签订培训合同,以学时为单位约定学时收费标准和收费方式等内容,赋予学员学习驾驶过程中的自主选择权,学员在每次完成培训后,对教练员的教学情况进行评价,对满意的培训学时按照合同约定的标准和方式支付相应的培训费用。

2015年12月,《国务院办公厅转发公安部 交通运输部关于推进机动车驾驶人培训考试制度改革意见的通知》(国办发〔2015〕88号)明确提出,改变驾培机构一次性预收全部培训费用的模式,推行计时培训计时收费、先培训后付费的服务模式。

在机动车驾驶培训行业鼓励驾培机构提供计时培训计时收费、先培训后付费服务模式,能有效防范行业经营风险、提升培训服务质量和保障学员合法权益。

50 对学员每天理论培训时间和实际操作培训时间有何规定?

《机动车驾驶员培训管理规定》(交通运输部令2022年第32号)明确规定每个学员理论培训时间每天不得超过6个学时,实际操作培训时间每天不得超过4个学时。其中,理论培训时间为学员一天内参加课堂教学、远程网络教学等各种培训方式的理论培训的时间总和;实际操作训练时间为学员一天内参加模拟教学、实车训练等实际操作培训的时间总和。

51 驾培机构确定学时收费标准需考虑哪些因素?

机动车驾驶员培训实行学时制,按照学时合理收取费用。驾培机构确定学时收费标准时,首先要根据各种培训车型的培训内容和培训学时,综合考虑人工成本、燃油成本、设施设备折旧费用、教练场地使用成本、市场营销费用、税费等因素测算学员培训成本;然后设定合理的利润空间,按照学时确定各部分合理的学时收费标准,收取学员培训费用。

52 机动车驾驶员培训包括哪些教学内容？

《机动车驾驶培训教学与考试大纲》（交运发〔2022〕36号）明确提出，机动车驾驶员培训的教学内容包括"道路交通安全法律、法规和相关知识""基础和场地驾驶""道路驾驶"和"安全文明驾驶常识"4部分。

53 对各车型的培训学时有什么要求？

《机动车驾驶培训教学与考试大纲》（交运发〔2022〕36号）明确要求，不同车型的培训学时各不相同，各车型具体的基本学时安排见表4-1。在实施过程中，各省份可结合当地考试实际情况等增加培训内容，并相应调整学时。

机动车驾驶培训各车型基本学时安排表　　表4-1

内容＼学时＼车型	A1、B1	A2	A3	B2	C1	C2	C3	C4、D、E、F	C5	C6
总学时	78	88	114	118	62	58	50	38	60	30
道路交通安全法律、法规和相关知识	10	12	14	14	12	12	12	10	12	4
基础和场地驾驶	32	36	47	50	16	12	14	10	14	16
道路驾驶	20	22	33	32	24	24	16	10	24	4
安全文明驾驶常识	16	18	20	22	10	10	8	8	10	6

《机动车驾驶培训教学与考试大纲》（交运发〔2022〕36号）规定的"各车型基本学时"是相应车型的最低学时。驾培机构在组织培训教学过程中，可根据学员对驾驶技能的掌握程度，在基本学时的基础上增加相应的学时。

第四章 经营管理

54 驾培机构组织实施教学时，对每学时的有效教学时间有什么要求？

《机动车驾驶培训教学与考试大纲》(交运发〔2022〕36号)明确规定，机动车驾驶员培训每学时时间为60min，有效教学时间不得低于45min。需要说明的是，有效教学时间是指学员参加机动车驾驶员培训过程中教练员讲解原理、示范动作、学员练习等教学活动的总时间，学员签到、签退、等待教练员、中途休息等时间不计入有效教学时间。

55 对于已持有机动车驾驶证，增加C1、C2、C3、C4、D、E、F准驾车型以及变更为C5准驾车型的，对培训内容和培训学时有什么要求？

《机动车驾驶培训教学与考试大纲》(交运发〔2022〕36号)明确规定，对于已持有机动车驾驶证，增加C1、C2、C3、C4、D、E、F准驾车型以及变更为C5准驾车型的，各省份可根据实际情况适当调整理论培训内容和学时要求，其中，"道路交通安全法律、法规和相关知识"不得低于4学时，"安全文明驾驶常识"不得低于6学时，即各省份根据实际情况确定的理论学时应不低于上述要求。"基础和场地驾驶"和"道路驾驶"两部分的培训内容和学时应与初次学习该准驾车型的培训内容和学时要求保持一致。

56 驾培机构可以采取哪些教学方式对学员进行理论培训？

驾培机构对学员进行"道路交通安全法律、法规和相关知识"

和"安全文明驾驶常识"理论培训时,可采取课堂教学、多媒体教学、远程网络教学、交通安全体验等多种教学方式,倡导采用课堂教学与远程网络教学相结合的方式。

57 驾培机构采用多种教学方式开展理论培训时,对课堂教学学时有什么要求?

驾培机构采取课堂教学、多媒体教学、远程网络教学、交通安全体验等多种教学方式对学员进行"道路交通安全法律、法规和相关知识"和"安全文明驾驶常识"理论培训时,课堂教学不得低于6学时,其中,"道路交通安全法律、法规和相关知识"不得低于4学时,"安全文明驾驶常识"不得低于2学时。

58 驾培机构开展课堂教学时,可以安排哪些教学内容?

驾培机构作为学员系统学习道路交通安全驾驶知识和驾驶技能的主阵地,可以在学员首次和末次参加理论培训时,采用课堂教学的方式,做好"开学第一课"和"最后一课"的培训教学,培养学员遵法守法以及良好的行车规则意识。

在学员"开学第一课"的课堂教学时间内,驾培机构可以围绕驾驶培训教学的重要性、驾驶员在交通系统中扮演的角色和对于保障交通安全的重要性、驾驶员承担的社会责任、交通事故的危害等主题开展培训教学。在学员"最后一课"的课堂教学时间内,驾培机构可以利用真实发生的交通事故对学员进行警示教育,包括由驾驶员疲劳驾驶、分心驾驶、酒后驾驶、未按规定行驶等不安全驾驶行为和状态导致的交通事故,让他们时刻记住驾驶机动车要守住安全底线,并遵守道路交通安全法律法规和行车规则。

驾培机构在"开学第一课"和"最后一课"以外的课堂教学时间,由驾培机构的教练员结合《机动车驾驶培训教学与考试大纲》(交运发〔2022〕36号)的规定自行确定教学内容并组织教学。

 驾培机构组织学员进行实际操作培训时,对模拟教学学时有什么要求?

驾培机构组织学员进行"基础和场地驾驶"和"道路驾驶"实际操作培训时,可以采用驾驶模拟设备对学员进行"基础和场地驾驶"中"操纵装置的规范操作"和"起步前车辆检查与调整"教学内容,以及"道路驾驶"中"夜间驾驶""恶劣条件下的驾驶""山区道路驾驶""高速公路驾驶"等内容的培训,且模拟教学学时不得超过6学时。

需要说明的是,采用驾驶模拟设备对学员进行"基础和场地驾驶"和"道路驾驶"相关教学内容的模拟教学不是强制要求。驾培机构具备相关条件的,也可以采用教学车辆开展相应教学内容的培训。

 驾培机构开展模拟教学选用的汽车驾驶培训模拟器应具备什么条件?

驾培机构采用汽车驾驶培训模拟器开展模拟教学的,选用的汽车驾驶培训模拟器的基本构成及部件要求、功能配置及其要求等应符合交通运输行业标准《汽车驾驶培训模拟器》(JT/T 378)的相关要求。

61 驾培机构采用汽车驾驶培训模拟器开展模拟教学时需要注意哪些事项？

驾培机构选用符合现行的交通运输行业标准《汽车驾驶培训模拟器》（JT/T 378）的驾驶培训模拟器进行模拟教学时，首先要核查该汽车驾驶培训模拟器内具备哪些模拟教学课程，然后再逐一核实该模拟教学课程实质内容是否满足《机动车驾驶培训教学与考试大纲》（交运发〔2022〕36号）规定教学内容的教学目标要求。满足教学目标要求的，可开展相应内容的模拟教学。

62 为什么"安全文明驾驶常识"要与"道路驾驶"融合教学？

"安全文明驾驶常识"的教学目标是使学员掌握各种道路条件、气象环境下的安全文明驾驶知识，以及危险源辨识与防御性驾驶知识；掌握紧急情况下的临危处置知识，以及发生交通事故后的现场处置方法等知识，属于理论培训的内容。"道路驾驶"的教学目标是使学员掌握一般道路和夜间驾驶方法及行车规则，能够根据不同的道路交通状况安全驾驶；具备自觉遵守交通法规、有效处置随机交通状况、无意识合理操纵车辆的能力，属于实际驾驶操作培训的内容。

"安全文明驾驶常识"与"道路驾驶"分别为各种道路条件下安全驾驶的理论知识和实际驾驶操作的教学内容，在教学过程中进行融合教学，能使学员理论联系实际，更加深刻地理解和掌握各种道路条件下的安全驾驶操作，形成良好的安全驾驶习惯和文明行车理念。

"安全文明驾驶常识"与"道路驾驶"如何进行融合教学？

在实施"安全文明驾驶常识"与"道路驾驶"融合教学时，教练员可通过"理论讲解—操作示范—实际驾驶操作训练—训练讲评"的教学模式，即教练员可先就某个具体的驾驶场景为学员讲解相关的危险源辨识、安全驾驶操作、不良驾驶操作可能带来的危害等理论知识，让学员先知道如何做、为什么这样做；然后对相应驾驶场景进行安全驾驶操作动作示范；随后让学员进行实际驾驶操作，对该驾驶场景的理论知识和驾驶操作进行融会贯通；最后对学员训练中存在的问题进行讲评，使学员真正明白该驾驶场景存在的风险以及安全驾驶操作的合理性和不良驾驶操作可能产生的严重后果，以强化对学员安全驾驶意识和文明行车理念的培养。

"基础和场地驾驶"与"道路驾驶"如何进行交叉训练？

"基础和场地驾驶"的教学目标是使学员掌握基础的驾驶操作要领和场内驾驶的基本方法，具备合理使用车辆操纵机件、正确控制车辆运动空间位置的能力，能够准确地控制车辆的行驶位置、速度和路线。"道路驾驶"的教学目标是使学员掌握一般道路和夜间驾驶方法及行车规则，能够根据不同的道路交通状况安全驾驶；具备自觉遵守交通法规、有效处置随机交通状况、无意识合理操纵车辆的能力。两者都是实际驾驶操作训练，在进行交叉训练时，可以先让学员在教练场地内进行车辆操纵装置的规范操作、车辆基本控制能力和熟悉交通规则的训练；然后在交通流量小的实际道路(公安机关交通管理部门指定的路线)对学员进行车辆行驶位置和速度控制、合理操作车辆能力的训练,培养学员良好的车感以及运用交通规则的能力;再安排学员在教练场地内进行倒车入库、直角转弯等训练项目的学习,强化行驶方向、速度等专项操控能力训练;最后通过复杂道路驾驶训练培养学员在不同道路交通状况下的安全驾驶能力。

65 机动车驾驶培训教学大纲对各车型的培训里程有什么要求？

培训里程是保障学员有足够的实际驾驶操作训练的关键要素,对培养安全文明合格驾驶员至关重要。《机动车驾驶培训教学与考试大纲》(交运发〔2022〕36号)明确规定,各省份应根据实际对各准驾车型培训里程做出相关要求,除D、E、F和C6外,其余准驾车型培训里程不得少于260km。

66 驾培机构如何使用好《驾驶培训教学日志》？

《驾驶培训教学日志》客观记录了学员每一次培训的教学情况,包括教学日期、教学项目、学时、教练员评价及签字等内容,是反映学员学习进程的重要载体,因此驾培机构应重视并使用好《驾驶培训教学日志》。

当前,随着信息技术的发展及其在机动车驾驶培训行业中的应用,部分驾培机构对《驾驶培训教学日志》实现了电子化管理,即《机动车驾驶培训教学与考试大纲》(交运发〔2022〕36号)中明确的《驾驶培训电子教学日志》管理。驾培机构在使用《驾驶培训电子教学日志》时,首先应确保《驾驶培训电子教学日志》的基本要素齐全;然后在每次培训结束后,教练员和学员对《驾驶培训电子教学日志》进行核实,确认无误后进行签字,且教练员需对学员每次的学习情况进行评价;最后驾培机构要对教练员和学员确认后的《驾驶培训电子教学日志》进行审核确认和存档。

67 驾培机构如何落实好《机动车驾驶培训教学与考试大纲》（交运发〔2022〕36号）？

驾培机构要落实好《机动车驾驶培训教学与考试大纲》（交运发〔2022〕36号），应做好以下3个方面的工作。

（1）驾培机构要按照《机动车驾驶培训教学与考试大纲》（交运发〔2022〕36号）规定的教学内容和学时要求,制定相应的教学计划,并加强教练员、结业考核员等关键岗位人员的培训教育,使教练员和结业考核员真正熟知《机动车驾驶培训教学与考试大纲》（交运发〔2022〕36号）的教学内容和教学要求。

（2）驾培机构应要求教练员严格按照《机动车驾驶培训教学与考试大纲》（交运发〔2022〕36号）规定的教学内容和学时进行教学,并依据制定的教学计划指导教练员根据学员的学习特点设计教学教案,规范施教。

（3）驾培机构要严格按照有关规定组织学员进行结业考核,确保结业考核的规范和实效。

68 驾培机构为申领A2和B2准驾车型驾驶证的学员提供培训服务时,应注意哪些内容的培训？

2020年7月,国务院办公厅发布的《关于进一步优化营商环境更好服务市场主体的实施意见》（国办发〔2020〕24号）明确提出,推动取消除道路危险货物运输以外的道路货物运输驾驶员从业资格考试,并将相关考试培训内容纳入相应等级机动车驾驶证培训。因此,驾培机构为申领 A2 和 B2 准驾车型驾驶证的学员提供培训服务时,除应按要求提供 A2 和 B2 车型的理论知识和驾驶技能培训服务外,还需要提供道路货物运输驾驶员从业应知应会的相关知识和技能的培训,包括道路货物运输从业资格证申领、从业及经营要求、道路货物运输车辆相关知识、道路货物运输基本知识、货物装载知识、轮胎更换、道路货物运输驾驶员职业道德与身心健康知识和紧急情况临危处置等内容。

69 驾培机构制定的教学计划应包括哪些要素?

驾培机构应按照《机动车驾驶培训教学与考试大纲》(交运发〔2022〕36 号)规定的教学内容和学时要求,制定教学计划。教学计划包括但不限于培训对象、培训车型、教学目标、教学内容和学时、教学方法、教学重点和难点等要素。

70 驾培机构如何对学员进行结业考核?

驾培机构应在学员每部分内容培训结束后,对学员进行该部分的考核,4 个部分均考核合格后,结业考核合格。"基础和场地驾驶""道路驾驶"两部分考核不合格的,由考核员提出增加复训的内容和学时建议。

71 驾培机构向学员发放《结业证书》时有哪些规定?

驾培机构应组织对学员进行结业考核,向考核合格的学员颁发《结业证书》,不得向未参加培训、未完成培训、未参加结业考核或者结业考核不合格的人员颁发《结业证书》。

《结业证书》由省级交通运输主管部门按照全国统一式样监制并编号。

72 驾培机构建立的学员档案包括哪些内容？

驾培机构应建立学员档案。学员档案主要内容包括：《学员登记表》《教学日志》《培训记录》《结业证书》复印件等。

学员档案实行一人一档，保存期不少于4年。

73 驾培机构使用的教学车辆应满足哪些要求？

驾培机构应使用符合《机动车运行安全技术条件》（GB 7258）和《机动车驾驶员培训机构资格条件》（GB/T 30340）等标准要求并取得牌证、具有统一标识的教学车辆。禁止使用报废的、检测不合格的或其他不符合国家规定的车辆从事机动车驾驶员培训业务。驾培机构不得随意改变教学车辆的用途。

教学车辆的统一标识由省级交通运输主管部门负责制定，并组织实施。

74 轻型牵引挂车教学车辆应满足哪些要求？

《轻型牵引挂车驾驶员培训基本业务条件（试行）》（交通运输部公告2022年第26号）明确指出，轻型牵引挂车教学车辆是由牵引车和中置轴挂车组合形成的汽车列车，总车长不小于10m且总质量小于4500kg。轻型牵引挂车教学车辆应安装紧急制动系统，在机械连接失效时，确保中置轴挂车起到制动作用。中置轴挂车与牵引车应使用电连接器进行电路上的连接，电连接器、电缆线的型号和尺寸应相互匹配。

轻型牵引挂车教学车辆的牵引车应满足以下要求：

(1)技术状况符合《机动车运行安全技术条件》(GB 7258)的技术要求；

(2)车宽不小于1.7m、轴距不小于2.8m；

(3)牵引能力应大于或等于1500kg；

(4)后视镜应满足观察中置轴挂车及周边交通情况的需求。

轻型牵引挂车教学车辆的中置轴挂车应满足以下要求：

(1)技术状况符合《机动车运行安全技术条件》(GB 7258)的技术要求；

(2)箱体尺寸不小于4.0m(长)×2.0m(宽)×1.5m(高)；

(3)总质量应大于或等于1000kg且小于牵引车的牵引能力，与乘用车整备质量之比符合《机动车运行安全技术条件》(GB 7258)相关规定；

(4)外部照明和光信号装置应符合《汽车及挂车外部照明和光信号装置的安装规定》(GB 4785)的规定，照明和光信号装置功能正常；

(5)配备挂车驻车停放时的专用支承装置，安装可收起的前导向轮，其承载能力与作用于前车的垂直载荷匹配；

(6)挂车牵引杆应配备安全链，安全链长度大于控制连接线长度，其强度确保车辆在失控时不能断裂。

轻型牵引挂车教学车辆应装有副后视镜、辅助喇叭开关、副制动踏板、车载计时计程终端、灭火器、停车楔及其他安全防护装置，且具有教学车辆统一标识。

75 驾培机构如何对教学车辆进行维护和检测？

驾培机构应按照国家的有关规定对教学车辆进行定期维护

和检测,保持教学车辆性能完好,满足教学和安全行车的要求,并按照国家有关规定及时更新。

驾培机构应依据国家有关标准和车辆维修手册、使用说明书等,结合车辆类别、车辆运行状况、行驶里程、使用条件、使用年限等因素,自行确定教学车辆维护周期,制订车辆维护计划,并严格执行,确保车辆正常维护。

76 驾培机构建立的教学车辆档案包括哪些内容?

驾培机构应建立教学车辆档案。教学车辆档案主要内容包括:车辆基本情况(包括机动车行驶证、机动车登记证书、车辆保险等)、维护和检测情况、技术等级记录、行驶里程记录等。

教学车辆档案实行一车一档,应保存至车辆报废后1年。

77 驾培机构开展实际驾驶操作培训有什么要求?

驾培机构应在其备案的教练场地开展基础和场地驾驶培训;应按照公安机关交通管理部门指定的路线和时间开展道路驾驶培训。

在道路上进行培训活动时,应在教练员随车指导下进行,与教学无关的人员不得乘坐教学车辆。

78 驾培机构可以使用哪些科技手段开展驾驶培训?

驾培机构可以充分利用先进的科技手段提高培训质量,包括远程网络教学、汽车驾驶培训模拟器等。

驾培机构可以使用远程网络教学方式组织学员开展"第一部分　道路交通安全法律、法规和相关知识"以及"第四部分　安全文明驾驶常识"的部分理论知识培训。

驾培机构可以使用汽车驾驶培训模拟器等模拟设备为学员提供"第二部分 基础和场地驾驶"中"操纵装置的规范操作"和"起步前车辆检查与调整"教学内容，以及"第三部分 道路驾驶"中"夜间驾驶""恶劣条件下的驾驶""山区道路驾驶""高速公路驾驶"等教学内容的模拟教学。

此外，当前部分驾培机构正积极探索虚拟现实技术、人工智能技术和大数据分析技术等在驾驶培训中的应用。

79 驾培机构如何规范使用《培训记录》？

《培训记录》是客观记录学员培训情况的载体，是确保学员真实培训的有效凭据。在学员完成相应部分的培训内容和学时后，教练员要如实填写《培训记录》，并与学员共同签字确认。驾培机构对《培训记录》进行严格审核确认后，按照有关规定报送交通运输主管部门。

80 驾培机构要向交通运输主管部门报送哪些信息？

驾培机构要按照有关规定向交通运输主管部门报送学员《培训记录》，以及教练员档案主要信息、各级人民政府统计部门备案或批准的涉及机动车驾驶员培训的各类报表或资料等信息。

81 驾培机构质量信誉考评办法和学员满意度评价实施细则由谁制定？

省级交通运输主管部门应建立驾培机构质量信誉考评体系，制定机动车驾驶员培训监督管理的量化考核标准和学员满意度评价实施细则,定期组织开展驾培机构质量信誉考核工作,并向社会公布考核结果,引导学员选择质量信誉高、培训服务好的驾培机构,推动驾培机构依法培训、诚实守信、公平竞争、优质服务。

82 驾培机构质量信誉考评包括哪些内容？

驾培机构质量信誉考评应包括驾培机构的基本情况、学员满意度评价情况、教学大纲执行情况、《结业证书》发放情况、《培训记录》填写情况、培训业绩、考试情况、不良记录、教练员教学质量信誉考核开展情况等内容。

83 驾培机构学员满意度评价包括哪些内容？

驾培机构的学员满意度评价应包括教学质量、服务质量、教学环境、教学方式、教练员评价等内容。

84 不按全国统一的教学大纲进行培训的情形有哪些？

不按全国统一的教学大纲进行培训的情形主要包括：
(1)擅自减少培训内容和培训学时。
(2)伪造、篡改培训内容和培训学时。
(3)不按照规定的培训内容进行教学等。

85 新增轻型牵引挂车驾驶员培训业务后,驾培机构应设置哪些训练项目设施？

《轻型牵引挂车驾驶员培训基本业务条件(试行)》(交通运

输部公告2022年第26号)明确要求,新增轻型牵引挂车驾驶员培训业务后,驾培机构应根据轻型牵引挂车教学车辆的数量设置倒车移位、曲线行驶和直角转弯训练项目设施,同时宜具有一段用于教学车辆进行倒车训练的路段。在不影响训练秩序和训练安全的条件下,轻型牵引挂车可以组合利用大型客车、重型牵引挂车、城市公交车或大型货车的训练项目设施开展训练。

86 新增轻型牵引挂车驾驶员培训业务后,驾培机构的场地规模应满足什么要求?

《轻型牵引挂车驾驶员培训基本业务条件(试行)》(交通运输部公告2022年第26号)明确提出,驾培机构在新增轻型牵引挂车驾驶员培训业务后,级别发生变化的,教练场地规模应满足《机动车驾驶员培训机构资格条件》(GB/T 30340)的要求。驾培机构在新增轻型牵引挂车驾驶员培训业务后,级别未发生变化的,教练场地规模应符合以下要求。

(1)现有教练场地可以同时满足原有教练车和新增轻型牵引挂车驾驶员培训所需的训练场地条件的,无需增加教练场地面积。

(2)教练场地仅能满足原有教练车培训所需的训练场地条件的,应在原训练场地基础上相应增加教练场地面积:

①新增轻型牵引挂车教练车数量小于或等于3辆的,教练场地面积增加值为2000 m^2;

②新增轻型牵引挂车教练车数量大于3辆的,教练场地面积在满足(1)的基础上,按照每增加1~3辆轻型牵引挂车教练车再相应地递增1200 m^2。

Chapter 5

第五章　监督检查

87 交通运输主管部门应从哪些方面加强对机动车驾驶员培训经营活动的监督检查？

交通运输主管部门应依法对机动车驾驶员培训经营活动进行监督检查，督促驾培机构及时办理备案手续，加强以下事项的监督检查：

（1）驾培机构是否备案；

（2）驾培机构备案材料是否属实；

（3）驾培机构是否保持备案经营项目需具备的业务条件；

（4）驾培机构备案事项与实际从事业务是否一致；

（5）驾培机构是否按规定进行培训等。

88 交通运输主管部门开展监督检查有哪些方法和要求？

交通运输主管部门应积极构建以"双随机、一公开"监管为基本手段、以重点监管为补充、以信息化监管为支撑、以信用监管为基础的新型监管体系，强化事中事后监督检查。

交通运输主管部门依法实施的行政检查、行政强制、行政处罚等执法行为应严格遵守《交通运输行政执法程序规定》（交通运输部令2021年第6号）的有关要求，随机抽取检查对象、检查人员，并将检查结果向社会公布。

89 交通运输主管部门可对新备案的驾培机构重点开展哪些方面的监督检查？

交通运输主管部门对新备案的驾培机构开展监督检查时，应

以驾培机构提交的备案材料为依据,重点检查以下内容:

(1)教练场地技术条件说明材料是否属实,相关训练项目设施是否满足相关要求;

(2)教学车辆技术条件、车型及数量证明材料是否属实,教学车辆数量是否满足相关要求;

(3)机构设置、岗位职责和管理制度材料是否属实、完整;

(4)各类设施、设备是否齐全、有效和满足相关要求;

(5)聘用人员是否属实和满足相关要求;

(6)备案的经营项目、培训内容等备案事项是否属实;

(7)其他检查内容。

90 交通运输主管部门开展监督检查时,驾培机构相关人员应怎么做?

驾培机构、管理人员、教练员、学员以及其他相关人员应积极配合执法检查人员的监督检查工作,如实反映情况,提供有关资料。

91 对未保持经营项目所需的业务条件的驾培机构如何处理?

已经备案的驾培机构未保持备案经营项目需具备的业务条件的,或者已取得机动车驾驶员培训许可证件且仍在有效期内的驾培机构未保持许可经营项目需具备的业务条件的,交通运输主管部门应责令其限期整改,并将整改要求、整改结果等相关情况向社会公布,同时抄送同级公安、市场监督管理等部门。

92 交通运输主管部门如何健全信用管理制度？

交通运输主管部门应健全信用管理制度，加强驾培机构质量信誉考评结果的运用，强化对驾培机构和教练员的信用监管。

93 交通运输主管部门如何建立健全协同监管机制？

交通运输主管部门应与相关部门建立健全协同监管机制，及时向公安机关、市场监督管理等部门通报驾培机构备案、停业、终止经营等信息，加强部门间信息共享和跨部门联合监管。

94 相关行业协会如何开展工作促进驾培行业发展？

机动车驾驶员培训相关行业协会是沟通政府和企业的桥梁和纽带，是实现行业自律、规范行业行为的社会组织。相关行业协会要健全完善行业规范，加强自身建设，积极建言献策，反映驾培机构的诉求，引导驾培机构诚信经营、加强行业自律，促进行业持续健康发展。

Chapter 6

第六章 法律责任

对未按规定办理备案或未按规定办理备案变更从事机动车驾驶员培训业务的,如何处罚?

从事机动车驾驶员培训业务,未按规定办理备案或未按规定办理备案变更的,由交通运输主管部门责令改正;拒不改正的,处5000元以上2万元以下的罚款。

驾培机构备案时提交虚假备案材料的,如何处罚?

驾培机构从事机动车驾驶员培训业务,向备案部门提交虚假备案材料的,由交通运输主管部门责令改正;拒不改正的,处5000元以上2万元以下的罚款。情节严重的,其直接负责的主管人员和其他直接责任人员5年内不得从事原备案的机动车驾驶员培训业务。

97 驾培机构不严格按照规定进行培训或发放培训结业证书时弄虚作假的,如何处罚?

驾培机构不严格按照规定进行培训或者发放培训结业证书时弄虚作假,有下列情形之一的,由交通运输主管部门责令改正;拒不改正的,责令停业整顿:

(1)未按全国统一的教学大纲进行培训的;

(2)在未备案的教练场地开展基础和场地驾驶培训的;

(3)未按规定组织学员结业考核或者未向培训结业的人员颁发《结业证书》的;

(4)向未参加培训、未完成培训、未参加结业考核或者结业考核不合格的人员颁发《结业证书》的。

98 驾培机构未落实教练员管理主体责任的,如何处罚?

驾培机构未落实教练员管理主体责任,有下列情形之一的,由交通运输主管部门责令限期整改,逾期整改不合格的,予以通报批评:

(1)未在经营场所的醒目位置公示教练员的;
(2)未按规定聘用教学人员的;
(3)未按规定建立教练员档案的;
(4)未按规定报送教练员档案主要信息的;
(5)未按规定开展教练员岗前培训或者再教育的;
(6)未定期开展教练员教学质量信誉考核或者未公布考核结果的。

99 驾培机构不按规定开展经营活动的,如何处罚?

驾培机构不按规定开展经营活动,有下列情形之一的,由交通运输主管部门责令限期整改,逾期整改不合格的,予以通报批评:

(1)未在经营场所的醒目位置公示其经营项目、培训能力、培训车型、培训内容、收费项目、收费标准、教学场地、投诉方式、学员满意度评价参与方式等情况的;
(2)未按规定建立学员档案、教学车辆档案的;

(3)未按规定报送《培训记录》和有关统计资料等信息的;
(4)使用不符合规定的车辆及设施、设备从事教学活动的;
(5)存在索取、收受学员财物或者谋取其他利益等不良行为的;
(6)未按规定与学员签订培训合同的。

100 教练员违反相关规定要求的,如何处罚？

教练员有下列情形之一的,由交通运输主管部门责令限期整改;逾期整改不合格的,予以通报批评：
(1)未按照全国统一的教学大纲进行教学的;
(2)填写《教学日志》《培训记录》弄虚作假的;
(3)教学过程中有道路交通安全违法行为或者造成交通事故的;
(4)存在索取、收受学员财物或者谋取其他利益等不良行为的;
(5)未按规定参加岗前培训或者再教育的;
(6)在教学过程中将教学车辆交给与教学无关人员驾驶的。

101 交通运输主管部门的工作人员违反相关规定要求的,如何处罚？

交通运输主管部门的工作人员有下列情形之一的,依法给予处分;构成犯罪的,依法追究刑事责任：
(1)不按规定为驾培机构办理备案的;
(2)参与或者变相参与机动车驾驶员培训业务的;
(3)发现违法行为不及时查处的;
(4)索取、收受他人财物或者谋取其他利益的;
(5)有其他违法违纪行为的。

机动车驾驶员培训管理规定

(交通运输部令2022年第32号)

第一章 总 则

第一条 为规范机动车驾驶员培训经营活动,维护机动车驾驶员培训市场秩序,保护各方当事人的合法权益,根据《中华人民共和国道路交通安全法》《中华人民共和国道路运输条例》等有关法律、行政法规,制定本规定。

第二条 从事机动车驾驶员培训业务的,应当遵守本规定。

机动车驾驶员培训业务是指以培训学员的机动车驾驶能力或者以培训道路运输驾驶人员的从业能力为教学任务,为社会公众有偿提供驾驶培训服务的活动。包括对初学机动车驾驶人员、增加准驾车型的驾驶人员和道路运输驾驶人员所进行的驾驶培训、继续教育以及机动车驾驶员培训教练场经营等业务。

第三条 机动车驾驶员培训实行社会化,从事机动车驾驶员培训业务应当依法经营,诚实信用,公平竞争。

第四条 机动车驾驶员培训管理应当公平、公正、公开和便民。

第五条 交通运输部主管全国机动车驾驶员培训管理工作。

县级以上地方人民政府交通运输主管部门(以下简称交通运输主管部门)负责本行政区域内的机动车驾驶员培训管理工作。

第二章 经营备案

第六条 机动车驾驶员培训依据经营项目、培训能力和培训内容实行分类备案。

机动车驾驶员培训业务根据经营项目分为普通机动车驾驶员培训、道路运输驾驶员从业资格培训和机动车驾驶员培训教练场经营三类。

普通机动车驾驶员培训根据培训能力分为一级普通机动车驾驶员培训、二级普通机动车驾驶员培训和三级普通机动车驾驶员培训三类。

道路运输驾驶员从业资格培训根据培训内容分为道路客货运输驾驶员从业资格培训和危险货物运输驾驶员从业资格培训两类。

第七条 从事三类(含三类)以上车型普通机动车驾驶员培训业务的,备案为一级普通机动车驾驶员培训;从事两类车型普通机动车驾驶员培训业务的,备案为二级普通机动车驾驶员培训;只从事一类车型普通机动车驾驶员培训业务的,备案为三级普通机动车驾驶员培训。

第八条 从事经营性道路旅客运输驾驶员、经营性道路货物运输驾驶员从业资格培训业务的,备案为道路客货运输驾驶员从业资格培训;从事道路危险货物运输驾驶员从业资格培训业务的,备案为危险货物运输驾驶员从业资格培训。

第九条 从事机动车驾驶员培训教练场经营业务的,备案为机动车驾驶员培训教练场经营。

第十条 从事普通机动车驾驶员培训业务的,应当具备下列条件:

(一)取得企业法人资格。

(二)有健全的组织机构。

包括教学、教练员、学员、质量、安全、结业考核和设施设备管理等组织机构,并明确负责人、管理人员、教练员和其他人员的岗位职责。具体要求按照有关国家标准执行。

(三)有健全的管理制度。

包括安全管理制度、教练员管理制度、学员管理制度、培训质量管理制度、结业考核制度、教学车辆管理制度、教学设施设备管理制度、教练场地管理制度、档案管理制度等。具体要求按照有关国家标准执行。

(四)有与培训业务相适应的教学人员。

1.有与培训业务相适应的理论教练员。机动车驾驶员培训机构聘用的理论教练员应当具备以下条件：

持有机动车驾驶证,具有汽车及相关专业中专以上学历或者汽车及相关专业中级以上技术职称,具有2年以上安全驾驶经历,掌握道路交通安全法规、驾驶理论、机动车构造、交通安全心理学、常用伤员急救等安全驾驶知识,了解车辆环保和节约能源的有关知识,了解教育学、教育心理学的基本教学知识,具备编写教案、规范讲解的授课能力。

2.有与培训业务相适应的驾驶操作教练员。机动车驾驶员培训机构聘用的驾驶操作教练员应当具备以下条件：

持有相应的机动车驾驶证,年龄不超过60周岁,符合一定的安全驾驶经历和相应车型驾驶经历,熟悉道路交通安全法规、驾驶理论、机动车构造、交通安全心理学和应急驾驶的基本知识,了解车辆维护和常见故障诊断等有关知识,具备驾驶要领讲解、驾驶动作示范、指导驾驶的教学能力。

3.所配备的理论教练员数量要求及每种车型所配备的驾驶操作教练员数量要求应当按照有关国家标准执行。

(五)有与培训业务相适应的管理人员。

管理人员包括理论教学负责人、驾驶操作训练负责人、教学车辆管理人员、结业考核人员和计算机管理人员等。具体要求按照有关国家标准执行。

(六)有必要的教学车辆。

1.所配备的教学车辆应当符合国家有关技术标准要求,并装有副后视镜、副制动踏板、灭火器及其他安全防护装置。具体要求按照有关国家标准执行。

2.从事一级普通机动车驾驶员培训的,所配备的教学车辆不少于80辆;从事二级普通机动车驾驶员培训的,所配备的教学车辆不少于40辆;从事三级普通机动车驾驶员培训的,所配备的教学车辆不少于20辆。具体要求按照有关国家标准执行。

(七)有必要的教学设施、设备和场地。

具体要求按照有关国家标准执行。租用教练场地的,还应当持有书面租赁合同和出租方土地使用证明,租赁期限不得少于3年。

第十一条 从事道路运输驾驶员从业资格培训业务的,应当具备下列条件:

(一)取得企业法人资格。

(二)有健全的组织机构。

包括教学、教练员、学员、质量、安全和设施设备管理等组织机构,并明确负责人、管理人员、教练员和其他人员的岗位职责。具体要求按照有关国家标准执行。

(三)有健全的管理制度。

包括安全管理制度、教练员管理制度、学员管理制度、培训质量管理制度、教学车辆管理制度、教学设施设备管理制度、教练场地管理制度、档案管理制度等。具体要求按照有关国家标准执行。

(四)有与培训业务相适应的教学车辆。

1.从事道路客货运输驾驶员从业资格培训业务的,应当同时具备大型客车、城市公交车、中型客车、小型汽车、小型自动挡汽车等五种车型中至少一种车型的教学车辆和重型牵引挂车、大型货车等两种车型中至少一种车型的教学车辆。

2.从事危险货物运输驾驶员从业资格培训业务的,应当具备重型牵引挂车、大型货车等两种车型中至少一种车型的教学车辆。

3.所配备的教学车辆不少于5辆,且每种车型教学车辆不少于2辆。教学车辆具体要求按照有关国家标准执行。

(五)有与培训业务相适应的教学人员。

1.从事道路客货运输驾驶员从业资格理论知识培训的,教练员应当持有机动车驾驶证,具有汽车及相关专业大专以上学历或者汽车及相关专业高级以上技术职称,具有2年以上安全驾驶经历,熟悉道路交通安全法规、驾驶理论、旅客运输法规、货物运输法规以及机动车维修、货物装卸保管和旅客急救等相关知识,了解教育学、教育心理学的基本教学知识,具备编写教案、规范讲解的授课能力,具有2年以上从事普通机动车驾驶员培训的教学经历,且近2年无不良的教学记录。从事应用能力教学的,还应当具有相应车型的驾驶经历,熟悉机动车安全检视、伤员急救、危险源辨识与防御性驾驶以及节能驾驶的相关知识,具备相应的教学能力。

2.从事危险货物运输驾驶员从业资格理论知识培训的,教练员应当持有机动车驾驶证,具有化工及相关专业大专以上学历或者化工及相关专业高级以上技术职称,具有2年以上安全驾驶经历,熟悉道路交通安全法规、驾驶理论、危险货物运输法规、危险化学品特性、包装容器使用方法、职业安全防护和应急救援等知识,具备相应的授课能力,具有2年以上化工及相关专业的教学经历,且近2年无不良的教学记录。从事应用能力教学的,还应当具有相应车型的驾驶经历,熟悉机动车安全检视、伤员急救、危险源辨识与防御性驾驶以及节能驾驶的相关知识,具备相应的教学能力。

3.所配备教练员的数量应不低于教学车辆的数量。

(六)有必要的教学设施、设备和场地。

1.配备相应车型的教练场地,机动车构造、机动车维护、常见故障诊断和排除、货物装卸保管、医学救护、消防器材等教学设施、设备和专用场地。教练场地要求按照有关国家标准执行。

2.从事危险货物运输驾驶员从业资格培训业务的,还应当同时配备常见危险化学品样本、包装容器、教学挂图、危险化学品实验室等设施、设备和专用场地。

第十二条 从事机动车驾驶员培训教练场经营业务的,应当具备下列条件:

(一)取得企业法人资格。

(二)有与经营业务相适应的教练场地。具体要求按照有关国家标准执行。

(三)有与经营业务相适应的场地设施、设备,办公、教学、生活设施以及维护服务设施。具体要求按照有关国家标准执行。

(四)具备相应的安全条件。包括场地封闭设施、训练区隔离设施、安全通道以及消防设施、设备等。具体要求按照有关国家标准执行。

(五)有相应的管理人员。包括教练场安全负责人、档案管理人员以及场地设施、设备管理人员。

(六)有健全的安全管理制度。包括安全检查制度、安全责任制度、教学车辆安全管理制度以及突发事件应急预案等。

第十三条 从事机动车驾驶员培训业务的,应当依法向市场监督管理部门办理有关登记手续后,最迟不晚于开始经营活动的

15日内,向所在地县级交通运输主管部门办理备案,并提交以下材料,保证材料真实、完整、有效:

(一)《机动车驾驶员培训备案表》(式样见附件1);

(二)企业法定代表人身份证明;

(三)经营场所使用权证明或者产权证明;

(四)教练场地使用权证明或者产权证明;

(五)教练场地技术条件说明;

(六)教学车辆技术条件、车型及数量证明(从事机动车驾驶员培训教练场经营的无需提交);

(七)教学车辆购置证明(从事机动车驾驶员培训教练场经营的无需提交);

(八)机构设置、岗位职责和管理制度材料;

(九)各类设施、设备清单;

(十)拟聘用人员名册、职称证明;

(十一)营业执照;

(十二)学时收费标准。

从事普通机动车驾驶员培训业务的,在提交备案材料时,应当同时提供由公安机关交通管理部门出具的相关人员安全驾驶经历证明,安全驾驶经历的起算时间自备案材料提交之日起倒计。

第十四条 县级交通运输主管部门收到备案材料后,对材料齐全且符合要求的,应当予以备案并编号归档;对材料不齐全或者不符合要求的,应当当场或者自收到备案材料之日起5日内一次性书面通知备案人需要补充的全部内容。

第十五条 机动车驾驶员培训机构变更培训能力、培训车型及数量、培训内容、教练场地等备案事项的,应当符合法定条件、标准,并在变更之日起15日内向原备案部门办理备案变更。

机动车驾驶员培训机构名称、法定代表人、经营场所等营业执照登记事项发生变化的,应当在完成营业执照变更登记后15日内向原备案部门办理变更手续。

第十六条 机动车驾驶员培训机构需要终止经营的,应当在终止经营前30日内书面告知原备案部门。

第十七条 县级交通运输主管部门应当向社会公布已备案的机动车驾驶员培训机构名称、法定代表人、经营场所、培训车型、教练场地等信息,并及时更新,供社会查询和监督。

第三章 教练员管理

第十八条 机动车驾驶培训教练员实行职业技能等级制度。鼓励机动车驾驶员培训机构优先聘用取得职业技能等级证书的人员担任教练员。鼓励教练员同时具备理论教练员和驾驶操作教练员的教学水平。

第十九条 机动车驾驶员培训机构应当建立健全教练员聘用管理制度,不得聘用最近连续3个记分周期内有交通违法记分满分记录或者发生交通死亡责任事故、组织或者参与考试舞弊、收受或者索取学员财物的人员担任教练员。

第二十条 教练员应当按照统一的教学大纲规范施教,并如实填写《教学日志》和《机动车驾驶员培训记录》(以下简称《培训记录》,式样见附件2)。

在教学过程中,教练员不得将教学车辆交给与教学无关人员驾驶。

第二十一条 机动车驾驶员培训机构应当对教练员进行道路交通安全法律法规、教学技能、应急处置等相关内容的岗前培训,加强对教练员职业道德教育和驾驶新知识、新技术的再教育,对教练员每年进行至少一周的培训,提高教练员的职业素质。

第二十二条　机动车驾驶员培训机构应当加强对教练员教学情况的监督检查,定期开展教练员教学质量信誉考核,公布考核结果,督促教练员提高教学质量。

第二十三条　省级交通运输主管部门应当制定教练员教学质量信誉考核办法,考核内容应当包括教练员的教学业绩、教学质量排行情况、参加再教育情况、不良记录等。

第二十四条　机动车驾驶员培训机构应当建立教练员档案,并将教练员档案主要信息按要求报送县级交通运输主管部门。

教练员档案包括教练员的基本情况、职业技能等级证书取得情况、参加岗前培训和再教育情况、教学质量信誉考核情况等。

县级交通运输主管部门应当建立教练员信息档案,并通过信息化手段对教练员信息档案进行动态管理。

第四章　经营管理

第二十五条　机动车驾驶员培训机构开展培训业务,应当与备案事项保持一致,并保持备案经营项目需具备的业务条件。

第二十六条　机动车驾驶员培训机构应当在经营场所的醒目位置公示其经营项目、培训能力、培训车型、培训内容、收费项目、收费标准、教练员、教学场地、投诉方式、学员满意度评价参与方式等情况。

第二十七条　机动车驾驶员培训机构应当与学员签订培训合同,明确双方权利义务,按照合同约定提供培训服务,保障学员自主选择教练员等合法权益。

第二十八条　机动车驾驶员培训机构应当在备案地开展培训业务,不得采取异地培训、恶意压价、欺骗学员等不正当手段开展经营活动,不得允许社会车辆以其名义开展机动车驾驶员培训经营活动。

第二十九条　机动车驾驶员培训实行学时制,按照学时合理收取费用。鼓励机动车驾驶员培训机构提供计时培训计时收费、先培训后付费服务模式。

对每个学员理论培训时间每天不得超过6个学时,实际操作培训时间每天不得超过4个学时。

第三十条　机动车驾驶员培训机构应当建立学时预约制度,并向社会公布联系电话和预约方式。

第三十一条　参加机动车驾驶员培训的人员,在报名时应当填写《机动车驾驶员培训学员登记表》(以下简称《学员登记表》,式样见附件3),并提供身份证明。参加道路运输驾驶员从业资格培训的人员,还应当同时提供相应的驾驶证。报名人员应当对所提供材料的真实性负责。

第三十二条　机动车驾驶员培训机构应当按照全国统一的教学大纲内容和学时要求,制定教学计划,开展培训教学活动。

培训教学活动结束后,机动车驾驶员培训机构应当组织学员结业考核,向考核合格的学员颁发《机动车驾驶员培训结业证书》(以下简称《结业证书》,式样见附件4)。

《结业证书》由省级交通运输主管部门按照全国统一式样监制并编号。

第三十三条　机动车驾驶员培训机构应当建立学员档案。学员档案主要包括:《学员登记表》《教学日志》《培训记录》《结业证书》复印件等。

学员档案保存期不少于4年。

第三十四条　机动车驾驶员培训机构应当使用符合标准并取得牌证、具有统一标识的教学车辆。

教学车辆的统一标识由省级交通运输主管部门负责制定,并组织实施。

第三十五条 机动车驾驶员培训机构应当按照国家有关规定对教学车辆进行定期维护和检测,保持教学车辆性能完好,满足教学和安全行车的要求,并按照国家有关规定及时更新。

禁止使用报废、检测不合格和其他不符合国家规定的车辆从事机动车驾驶员培训业务。不得随意改变教学车辆的用途。

第三十六条 机动车驾驶员培训机构应当建立教学车辆档案。教学车辆档案主要内容包括:车辆基本情况、维护和检测情况、技术等级记录、行驶里程记录等。

教学车辆档案应当保存至车辆报废后1年。

第三十七条 机动车驾驶员培训机构应当在其备案的教练场地开展基础和场地驾驶培训。

机动车驾驶员培训机构在道路上进行培训活动,应当遵守公安机关交通管理部门指定的路线和时间,并在教练员随车指导下进行,与教学无关的人员不得乘坐教学车辆。

第三十八条 机动车驾驶员培训机构应当保持教学设施、设备的完好,充分利用先进的科技手段,提高培训质量。

第三十九条 机动车驾驶员培训机构应当按照有关规定,向交通运输主管部门报送《培训记录》以及有关统计资料等信息。

《培训记录》应当经教练员签字、机动车驾驶员培训机构审核确认。

第四十条 交通运输主管部门应当根据机动车驾驶员培训机构执行教学大纲、颁发《结业证书》等情况,对《培训记录》及有关资料进行严格审查。

第四十一条 省级交通运输主管部门应当建立机动车驾驶员培训机构质量信誉考评体系,制定机动车驾驶员培训监督管理的量化考核标准,并定期向社会公布对机动车驾驶员培训机构的考核结果。

机动车驾驶员培训机构质量信誉考评应当包括培训机构的基本情况、学员满意度评价情况、教学大纲执行情况、《结业证书》发放情况、《培训记录》填写情况、培训业绩、考试情况、不良记录、教练员教学质量信誉考核开展情况等内容。

机动车驾驶员培训机构的学员满意度评价应当包括教学质量、服务质量、教学环境、教学方式、教练员评价等内容,具体实施细则由省级交通运输主管部门确定。

第五章 监督检查

第四十二条 交通运输主管部门应当依法对机动车驾驶员培训经营活动进行监督检查,督促机动车驾驶员培训机构及时办理备案手续,加强对机动车驾驶员培训机构是否备案、是否保持备案经营项目需具备的业务条件、备案事项与实际从事业务是否一致等情况的检查。

监督检查活动原则上随机抽取检查对象、检查人员,严格遵守《交通运输行政执法程序规定》等相关规定,检查结果向社会公布。

第四十三条 机动车驾驶员培训机构、管理人员、教练员、学员以及其他相关人员应当积极配合执法检查人员的监督检查工作,如实反映情况,提供有关资料。

第四十四条 已经备案的机动车驾驶员培训机构未保持备案经营项目需具备的业务条件的,交通运输主管部门应当责令其限期整改,并将整改要求、整改结果等相关情况向社会公布。

第四十五条 交通运输主管部门应当健全信用管理制度,加强机动车驾驶员培训机构质量信誉考核结果的运用,强化对机动车驾驶员培训机构和教练员的信用监管。

第四十六条 交通运输主管部门应当与相关部门建立健全

协同监管机制,及时向公安机关、市场监督管理等部门通报机动车驾驶员培训机构备案、停业、终止经营等信息,加强部门间信息共享和跨部门联合监管。

第四十七条　鼓励机动车驾驶员培训相关行业协会健全完善行业规范,加强行业自律,促进行业持续健康发展。

第六章　法律责任

第四十八条　违反本规定,从事机动车驾驶员培训业务,有下列情形之一的,由交通运输主管部门责令改正;拒不改正的,处5000元以上2万元以下的罚款:

(一)从事机动车驾驶员培训业务未按规定办理备案的;

(二)未按规定办理备案变更的;

(三)提交虚假备案材料的。

有前款第三项行为且情节严重的,其直接负责的主管人员和其他直接责任人员5年内不得从事原备案的机动车驾驶员培训业务。

第四十九条　违反本规定,机动车驾驶员培训机构不严格按照规定进行培训或者在培训结业证书发放时弄虚作假,有下列情形之一的,由交通运输主管部门责令改正;拒不改正的,责令停业整顿:

(一)未按全国统一的教学大纲进行培训的;

(二)未在备案的教练场地开展基础和场地驾驶培训的;

(三)未按规定组织学员结业考核或者未向培训结业的人员颁发《结业证书》的;

(四)向未参加培训、未完成培训、未参加结业考核或者结业考核不合格的人员颁发《结业证书》的。

第五十条　违反本规定,机动车驾驶员培训机构有下列情形

之一的,由交通运输主管部门责令限期整改,逾期整改不合格的,予以通报批评:

(一)未在经营场所的醒目位置公示其经营项目、培训能力、培训车型、培训内容、收费项目、收费标准、教练员、教学场地、投诉方式、学员满意度评价参与方式等情况的;

(二)未按规定聘用教学人员的;

(三)未按规定建立教练员档案、学员档案、教学车辆档案的;

(四)未按规定报送《培训记录》、教练员档案主要信息和有关统计资料等信息的;

(五)使用不符合规定的车辆及设施、设备从事教学活动的;

(六)存在索取、收受学员财物或者谋取其他利益等不良行为的;

(七)未按规定与学员签订培训合同的;

(八)未按规定开展教练员岗前培训或者再教育的;

(九)未定期开展教练员教学质量信誉考核或者未公布考核结果的。

第五十一条 违反本规定,教练员有下列情形之一的,由交通运输主管部门责令限期整改;逾期整改不合格的,予以通报批评:

(一)未按全国统一的教学大纲进行教学的;

(二)填写《教学日志》《培训记录》弄虚作假的;

(三)教学过程中有道路交通安全违法行为或者造成交通事故的;

(四)存在索取、收受学员财物或者谋取其他利益等不良行为的;

(五)未按规定参加岗前培训或者再教育的;

(六)在教学过程中将教学车辆交给与教学无关人员驾驶的。

第五十二条 违反本规定,交通运输主管部门的工作人员有下列情形之一的,依法给予处分;构成犯罪的,依法追究刑事责任:

(一)不按规定为机动车驾驶员培训机构办理备案的;

(二)参与或者变相参与机动车驾驶员培训业务的;

(三)发现违法行为不及时查处的;

(四)索取、收受他人财物或者谋取其他利益的;

(五)有其他违法违纪行为的。

第七章 附 则

第五十三条 本规定自2022年11月1日起施行。2006年1月12日以交通部令2006年第2号公布的《机动车驾驶员培训管理规定》、2016年4月21日以交通运输部令2016年第51号公布的《关于修改〈机动车驾驶员培训管理规定〉的决定》同时废止。

附件1

机动车驾驶员培训备案表

（□备案　　□备案变更）

培训机构名称				（与营业执照名称一致）	
统一社会信用代码				开始经营活动时间	
经营场所地址		××省（区、市）××市（州）××县（市、区）××街（镇、乡）××号			
教练场地址		××省（区、市）××市（州）××县（市、区）××街（镇、乡）××号		教练场地面积	
企业主要负责人	法定代表人	姓名		身份证号（有效证件号码）	
		联系电话		电子邮箱/传真	
	主要负责人	姓名		身份证号（有效证件号码）	
		联系电话		电子邮箱/传真	
经办人		联系电话		身份证号（有效证件号码）	
企业类型				（与营业执照类型一致）	
经营项目					
□普通机动车驾驶员培训		□道路运输驾驶员从业资格培训			□机动车驾驶员培训教练场经营
培训能力	□一级　□二级　□三级	培训内容	□道路客货运驾驶员　□危险货物运输驾驶员		
培训车型及数量（辆）	□1.大中型客车	A1（　）A3（　）B1（　）			—
	□2.大型货车及牵引车	A2（　）B2（　）C6（　）			
	□3.小型客货车	C1（　）C2（　）C3（　）C5（　）			
	□4.三轮汽车及摩托车	C4（　）D（　）E（　）F（　）			
	□5.其他	M（　）N（　）P（　）			
教学车辆	合计（辆）：				
备案材料	□1.营业执照 □2.企业法定代表人身份证明 □3.从事普通机动车驾驶员培训业务的，请提供具备相关培训业务条件材料 □4.从事道路运输驾驶员从业资格培训业务的，请提供具备相关培训业务条件材料 □5.从事机动车驾驶员培训教练场经营业务的，请提供具备相关培训业务条件材料				

本经营者承诺：

1. 已知晓《中华人民共和国道路运输条例》《机动车驾驶员培训管理规定》等国家有关法律法规及机动车驾驶员培训机构、教练场技术要求等相关标准，知晓从事机动车驾驶员培训业务条件要求及备案要求；
2. 已具备从事机动车驾驶员培训业务条件，在完成备案后严格按照备案要求开展培训业务；
3. 在备案事项发生变化时，能按照规定及时办理备案变更；
4. 所提供的备案材料信息内容真实、准确，不存在虚假记载、误导性陈述或者重大遗漏，所有文件的签名、印章真实有效。如有不实之处，愿承担相应的法律责任。

法定代表人（签字）：　　　　　　　　　　　　　　　　单位（盖章）：

　　　　　　　　　　　　　　　　　　　　　　　　　　　年　月　日

□备案材料齐全且符合要求； □备案材料不齐全或者不符合要求，请补充： 承办人（签字）： 　　　　　　　　　　年　月　日	复核人（签字）： 备案编号： 备案部门（盖章）： 　　　　　　　　年　月　日

填写说明：1. 经营场所地址指主要办公场所地址，承办人是指备案部门受理备案并对备案材料依法进行审查的工作人员，复核人是指备案部门对备案材料进行复核并备案编号的工作人员；

2. 培训机构可依据培训能力选培训车型种类，并填写对应车辆数量。培训车型分为大中型客车（含大型客车、城市公交车、中型客车）、大型货车及牵引车（含重型牵引挂车、大型货车、轻型牵引挂车）、小型客货车（含小型客车、小型自动挡汽车、低速载货汽车、残疾人专用小型自动挡载客汽车）、三轮汽车及摩托车（含三轮汽车、普通三轮摩托车、普通二轮摩托车、轻便摩托车）、其他（含轮式专用机械车、无轨电车、有轨电车）等五类；
3. 办理备案变更的，仅需填写变更事项，并与原备案表一并存档；
4. 备案编号规则：由"备案部门所在行政区域代码"+"四位数字顺序编号（0001）"组成；
5. 此表中所列要素为备案必备内容，各省可根据此表式样，结合管理需求，自行设计使用；
6. 此表一式两份，机动车驾驶员培训机构和备案部门各执一份。

附录1 机动车驾驶员培训管理规定

附件2

机动车驾驶员培训记录

NO.

姓名		性别		身份证号			入学时间		（照片）
家庭住址						联系方式			
申请车型	A1□ A2□ A3□ B1□ B2□ C1□ C2□ C3□ C4□ C5□ C6□ D□ E□ F□ M□ N□ P□								
培训项目	培训学时	学员签名		教练员签名		培训机构意见		交通运输主管部门审核	
第一部分		年 月 日		年 月 日		签名：　　　（盖章） 　　　　年　月　日		签名：　　　（盖章） 　　　　年　月　日	
第二部分		年 月 日		年 月 日		签名：　　　（盖章） 　　　　年　月　日		签名：　　　（盖章） 　　　　年　月　日	
第三部分		年 月 日		年 月 日		签名：　　　（盖章） 　　　　年　月　日		签名：　　　（盖章） 　　　　年　月　日	
第四部分		年 月 日		年 月 日		签名：　　　（盖章） 　　　　年　月　日		签名：　　　（盖章） 　　　　年　月　日	

注：1. 培训记录一式三份，在完成培训和考试所有课程后，培训机构、交通运输主管部门、公安机关交通管理部门车辆管理所各存一份；

2. 在预约科目一、二和科目三道路驾驶技能考试时，公安机关交通管理部门车辆管理所查验和应将培训记录和应将培训记录退还培训机构，在预约科目三安全文明驾驶常识考试时，公安机关交通管理部门车辆管理所查验培训记录第四部分培训项目后，应收存归档；

3. 纸张规格为A4(210×297mm)，表格尺寸为180×267mm。

附件3

机动车驾驶员培训学员登记表

培训机构名称：　　　　　　　　　　　　　　　　　　NO.

姓名		性别		出生年月	年　月	（照片）
身份证号						
住址						
联系电话				原准驾车型		
培训车型或者类别	普通机动车驾驶员培训□			A1□　A2□　A3□　B1□　B2□ C1□　C2□　C3□　C4□　C5□ C6□　D□　E□　F□ M□　N□　P□		
	道路运输驾驶员从业资格培训□			道路旅客运输□ 道路货物运输□ 道路危险货物运输□		
	其他培训□					
入学时间	年　月　日			结业时间	年　月　日	
结业考核	结业证书编号			发证日期		
	审核意见： 　　　　　　　　　　　　　　培训机构：(盖章) 　　　　　　　　　　　　　　　　　年　月　日					

注：1. 标注有"□"的为选择项，选择后在"□"中划"√"；
　　2. 纸张规格为A4(210×297mm)，表格尺寸为225×156mm。

附件 4

机动车驾驶员培训结业证书(正面)

机动车驾驶员培训结业证书

证书编号:

(一寸免冠照片)

(姓名):_____,(性别)____,身份证号:_____,于_____年____月____日至_____年____月____日参加_____的培训,已经完成教学大纲规定的培训内容,经考核合格,准予结业。

法定代表人(签字):

培训机构:(盖章)

_____年____月____日

_____省(自治区、直辖市)交通运输厅(局、委)监制

机动车驾驶员培训结业证书(背面)

说　　明

1. 本证书为机动车驾驶员培训合格的证明。
2. 本证书只供本人使用,不得转借、涂改。

注:1. 尺寸为 125×95mm;

2. 外封皮为白色透明塑封,版心为粉红色;

3. "机动车驾驶员培训结业证书"字号为三号楷体,加黑,"省(自治区、直辖市)交通运输厅(局、委)监制"为小四楷体,其他字体为四号楷体;

4. 外籍人员的身份证号可填写护照号码。

2016年版、2022年版《机动车驾驶员培训管理规定》对照表

(增加的内容使用"**黑体**"标注,删除的内容使用"□"标注)

交通运输部令2016年第51号	交通运输部令2022年第32号
第一章 总则	第一章 总则
第一条 为规范机动车驾驶员培训经营活动,维护机动车驾驶员培训市场秩序,保护各方当事人的合法权益,根据《中华人民共和国道路交通安全法》《中华人民共和国道路运输条例》等有关法律、行政法规,制定本规定。	第一条 为规范机动车驾驶员培训经营活动,维护机动车驾驶员培训市场秩序,保护各方当事人的合法权益,根据《中华人民共和国道路交通安全法》《中华人民共和国道路运输条例》等有关法律、行政法规,制定本规定。
第二条 从事机动车驾驶员培训业务的,应当遵守本规定。 机动车驾驶员培训业务是指以培训学员的机动车驾驶能力或者以培训道路运输驾驶人员的从业能力为教学任务,为社会公众有偿提供驾驶培训服务的活动。包括对初学机动车驾驶人员、增加准驾车型的驾驶人员和道路运输驾驶人员所进行的驾驶培训、继续教育以及机动车驾驶员培训教练场经营等业务。	第二条 从事机动车驾驶员培训业务的,应当遵守本规定。 机动车驾驶员培训业务是指以培训学员的机动车驾驶能力或者以培训道路运输驾驶人员的从业能力为教学任务,为社会公众有偿提供驾驶培训服务的活动。包括对初学机动车驾驶人员、增加准驾车型的驾驶人员和道路运输驾驶人员所进行的驾驶培训、继续教育以及机动车驾驶员培训教练场经营等业务。
第三条 机动车驾驶员培训实行社会化,从事机动车驾驶员培训业务应当依法经营,诚实信用,公平竞争。	第三条 机动车驾驶员培训实行社会化,从事机动车驾驶员培训业务应当依法经营,诚实信用,公平竞争。

附录2　2016年版、2022年版《机动车驾驶员培训管理规定》对照表

续上表

交通运输部令2016年第51号	交通运输部令2022年第32号
第一章　总则	第一章　总则
第四条　机动车驾驶员培训管理应当公平、公正、公开和便民。	第四条　机动车驾驶员培训管理应当公平、公正、公开和便民。
第五条　交通运输部主管全国机动车驾驶员培训管理工作。 县级以上地方人民政府交通运输主管部门负责组织领导本行政区域内的机动车驾驶员培训管理工作。 县级以上道路运输管理机构负责具体实施本行政区域内的机动车驾驶员培训管理工作。	第五条　交通运输部主管全国机动车驾驶员培训管理工作。 县级以上地方人民政府交通运输主管部门(以下简称交通运输主管部门)负责组织领导本行政区域内的机动车驾驶员培训管理工作。 县级以上道路运输管理机构负责具体实施本行政区域内的机动车驾驶员培训管理工作。
第二章　经营许可	第二章　经营许可备案
第六条　机动车驾驶员培训依据经营项目、培训能力和培训内容实行分类许可。 机动车驾驶员培训业务根据经营项目分为普通机动车驾驶员培训、道路运输驾驶员从业资格培训、机动车驾驶员培训教练场经营三类。 普通机动车驾驶员培训根据培训能力分为一级普通机动车驾驶员培训、二级普通机动车驾驶员培训和三级普通机动车驾驶员培训三类。 道路运输驾驶员从业资格培训根据培训内容分为道路客货运输驾驶员从业资格培训和危险货物运输驾驶员从业资格培训两类。	第六条　机动车驾驶员培训依据经营项目、培训能力和培训内容实行分类许可备案。 机动车驾驶员培训业务根据经营项目分为普通机动车驾驶员培训、道路运输驾驶员从业资格培训、和机动车驾驶员培训教练场经营三类。 普通机动车驾驶员培训根据培训能力分为一级普通机动车驾驶员培训、二级普通机动车驾驶员培训和三级普通机动车驾驶员培训三类。 道路运输驾驶员从业资格培训根据培训内容分为道路客货运输驾驶员从业资格培训和危险货物运输驾驶员从业资格培训两类。

续上表

交通运输部令 2016 年第 51 号 第二章　经营许可	交通运输部令 2022 年第 32 号 第二章　经营 许可 备案
第七条　获得一级普通机动车驾驶员培训许可的,可以从事三种(含三种)以上相应车型的普通机动车驾驶员培训业务;获得二级普通机动车驾驶员培训许可的,可以从事两种相应车型的普通机动车驾驶员培训业务;获得三级普通机动车驾驶员培训许可的,只能从事一种相应车型的普通机动车驾驶员培训业务。	第七条　获得一级普通机动车驾驶员培训许可的,可以从事三类 种 (含三类 种)以上 相应 车型 的普通机动车驾驶员培训业务,备案为一级普通机动车驾驶员培训;获得二级普通机动车驾驶员培训许可的,可以 从事两类 种相应 车型 的普通机动车驾驶员培训业务,备案为二级普通机动车驾驶员培训;获得三级普通机动车驾驶员培训许可的,只 能 从事一类 种相应车型 的 普通机动车驾驶员培训业务的,备案为三级普通机动车驾驶员培训。
第八条　获得道路客货运输驾驶员从业资格培训许可的,可以从事经营性道路旅客运输驾驶员、经营性道路货物运输驾驶员的从业资格培训业务;获得危险货物运输驾驶员从业资格培训许可的,可以从事道路危险货物运输驾驶员的从业资格培训业务。 获得道路运输驾驶员从业资格培训许可的,还可以从事相应车型的普通机动车驾驶员培训业务。	第八条　获得道路客货运输驾驶员从业资格培训许可的,可以从事经营性道路旅客运输驾驶员、经营性道路货物运输驾驶员 的 从业资格培训业务的,备案为道路客货运输驾驶员从业资格培训;获得危险货物运输驾驶员从业资格培训许可的,可以从事道路危险货物运输驾驶员 的 从业资格培训业务的,备案为危险货物运输驾驶员从业资格培训。 获得道路运输驾驶员从业资格培训许可的,还可以从事相应车型的普通机动车驾驶员培训业务。

附录2　2016年版、2022年版《机动车驾驶员培训管理规定》对照表

续上表

交通运输部令2016年第51号	交通运输部令2022年第32号
第二章　经营许可	第二章　经营许可备案
第九条　获得机动车驾驶员培训教练场经营许可的,可以从事机动车驾驶员培训教练场经营业务。	第九条　获得机动车驾驶员培训教练场经营许可的,可以从事机动车驾驶员培训教练场经营业务的,备案为机动车驾驶员培训教练场经营。
第十条　申请从事普通机动车驾驶员培训业务的,应当符合下列条件： （一）取得企业法人资格。 （二）有健全的培训机构。 包括教学、教练员、学员、质量、安全、结业考试和设施设备管理等组织机构,并明确负责人、管理人员、教练员和其他人员的岗位职责。具体要求按照《机动车驾驶员培训机构资格条件》（GB/T 30340）相关条款的规定执行。 （三）有健全的管理制度。 包括安全管理制度、教练员管理制度、学员管理制度、培训质量管理制度、结业考试制度、教学车辆管理制度、教学设施设备管理制度、教练场地管理制度、档案管理制度等。具体要求按照《机动车驾驶员培训机构资格条件》（GB/T 30340）相关条款的规定执行。 （四）有与培训业务相适应的教学人员。 1.有与培训业务相适应的理论教练员。机动车驾驶员培训机构聘用的理论教练员应当具备以下条件：	第十条　申请从事普通机动车驾驶员培训业务的,应当符合具备下列条件： （一）取得企业法人资格。 （二）有健全的培训组织机构。 包括教学、教练员、学员、质量、安全、结业考核和设施设备管理等组织机构,并明确负责人、管理人员、教练员和其他人员的岗位职责。具体要求按照《机动车驾驶员培训机构资格条件》（GB/T 30340）相关条款的规定有关国家标准执行。 （三）有健全的管理制度。 包括安全管理制度、教练员管理制度、学员管理制度、培训质量管理制度、结业考核制度、教学车辆管理制度、教学设施设备管理制度、教练场地管理制度、档案管理制度等。具体要求按照《机动车驾驶员培训机构资格条件》（GB/T 30340）相关条款的规定有关国家标准执行。 （四）有与培训业务相适应的教学人员。 1.有与培训业务相适应的理论教练员。机动车驾驶员培训机构聘用的理论教练员应当具备以下条件：

续上表

交通运输部令 2016 年第 51 号	交通运输部令 2022 年第 32 号
第二章　经营许可	第二章　经营 许可 备案
持有机动车驾驶证,具有汽车及相关专业中专以上学历或者汽车及相关专业中级以上技术职称,具有两年以上安全驾驶经历,熟练掌握道路交通安全法规、驾驶理论、机动车构造、交通安全心理学、常用伤员急救等安全驾驶知识,了解车辆环保和节约能源的有关知识,了解教育学、教育心理学的基本教学知识,具备编写教案、规范讲解的授课能力。 2.有与培训业务相适应的驾驶操作教练员。机动车驾驶员培训机构聘用的驾驶操作教练员应当具备以下条件： 持有相应的机动车驾驶证,年龄不超过 60 周岁,符合一定的安全驾驶经历和相应车型驾驶经历,熟练掌握道路交通安全法规、驾驶理论、机动车构造、交通安全心理学和应急驾驶的基本知识,熟悉车辆维护和常见故障诊断、车辆环保和节约能源的有关知识,具备驾驶要领讲解、驾驶动作示范、指导驾驶的教学能力。 3.所配备的理论教练员数量要求及每种车型所配备的驾驶操作教练员数量要求应当按照《机动车驾驶员培训机构资格条件》(GB/T 30340)相关条款的规定执行。	持有机动车驾驶证,具有汽车及相关专业中专以上学历或者汽车及相关专业中级以上技术职称,具有 两 2 年以上安全驾驶经历, 熟练 掌握道路交通安全法规、驾驶理论、机动车构造、交通安全心理学、常用伤员急救等安全驾驶知识,了解车辆环保和节约能源的有关知识,了解教育学、教育心理学的基本教学知识,具备编写教案、规范讲解的授课能力。 2.有与培训业务相适应的驾驶操作教练员。机动车驾驶员培训机构聘用的驾驶操作教练员应当具备以下条件： 持有相应的机动车驾驶证,年龄不超过 60 周岁,符合一定的安全驾驶经历和相应车型驾驶经历, 熟练掌握 熟悉 道路交通安全法规、驾驶理论、机动车构造、交通安全心理学和应急驾驶的基本知识, 熟悉 了解 车辆维护和常见故障诊断、 车辆环保和节约能源的 等有关知识,具备驾驶要领讲解、驾驶动作示范、指导驾驶的教学能力。 3.所配备的理论教练员数量要求及每种车型所配备的驾驶操作教练员数量要求应当按照《机动车驾驶员培训机构资格条件》(GB/T 30340)相关条款的 规定 有关国家标准执行。

续上表

交通运输部令2016年第51号	交通运输部令2022年第32号
第二章 经营许可	第二章 经营 许可 备案
（五）有与培训业务相适应的管理人员。 管理人员包括理论教学负责人、驾驶操作训练负责人、教学车辆管理人员、结业考核人员和计算机管理人员。具体要求按照《机动车驾驶员培训机构资格条件》（GB/T 30340）相关条款的规定执行。 （六）有必要的教学车辆。 1. 所配备的教学车辆应当符合国家有关技术标准要求，并装有副后视镜、副制动踏板、灭火器及其他安全防护装置。具体要求按照《机动车驾驶员培训机构资格条件》（GB/T 30340）相关条款的规定执行。 2. 从事一级普通机动车驾驶员培训的，所配备的教学车辆不少于80辆；从事二级普通机动车驾驶员培训的，所配备的教学车辆不少于40辆；从事三级普通机动车驾驶员培训的，所配备的教学车辆不少于20辆。具体要求按照《机动车驾驶员培训机构资格条件》（GB/T 30340）相关条款的规定执行。 （七）有必要的教学设施、设备和场地。 具体要求按照《机动车驾驶员培训机构资格条件》（GB/T 30340）相关条款的规定执行。租用教练场地的，还应当持有书面租赁合同和出租方土地使用证明，租赁期限不得少于3年。	（五）有与培训业务相适应的管理人员。 管理人员包括理论教学负责人、驾驶操作训练负责人、教学车辆管理人员、结业考核人员和计算机管理人员等。具体要求按照《机动车驾驶员培训机构资格条件》（GB/T 30340）相关条款的规定 有关国家标准执行。 （六）有必要的教学车辆。 1. 所配备的教学车辆应当符合国家有关技术标准要求，并装有副后视镜、副制动踏板、灭火器及其他安全防护装置。具体要求按照《机动车驾驶员培训机构资格条件》（GB/T 30340）相关条款的规定 有关国家标准执行。 2. 从事一级普通机动车驾驶员培训的，所配备的教学车辆不少于80辆；从事二级普通机动车驾驶员培训的，所配备的教学车辆不少于40辆；从事三级普通机动车驾驶员培训的，所配备的教学车辆不少于20辆。具体要求按照《机动车驾驶员培训机构资格条件》（GB/T 30340）相关条款的规定 有关国家标准执行。 （七）有必要的教学设施、设备和场地。 具体要求按照《机动车驾驶员培训机构资格条件》（GB/T 30340）相关条款的规定 有关国家标准执行。租用教练场地的，还应当持有书面租赁合同和出租方土地使用证明，租赁期限不得少于3年。

续上表

交通运输部令2016年第51号	交通运输部令2022年第32号
第二章　经营许可	第二章　经营 许可 备案
第十一条　申请从事道路运输驾驶员从业资格培训业务的，应当具备下列条件： （一）取得企业法人资格。 （二）具备相应车型的普通机动车驾驶员培训资格。 1.从事道路客货运输驾驶员从业资格培训业务的，应当同时具备大型客车、城市公交车、中型客车、小型汽车(含小型自动挡汽车)等四种车型中至少一种车型的普通机动车驾驶员培训资格和通用货车半挂车(牵引车)、大型货车等两种车型中至少一种车型的普通机动车驾驶员培训资格。 2.从事危险货物运输驾驶员从业资格培训业务的，应当具备通用货车半挂车(牵引车)、大型货车等两种车型中至少一种车型的普通机动车驾驶员培训资格。 （三）有与培训业务相适应的教学人员。 1.从事道路客货运输驾驶员从业资格培训业务的，应当配备2名以上教练员。教练员应当具有汽车及相关专业大专以上学历或者汽车及相关专业高级以上技术职称，熟悉道路旅客运输法规、货物运输法规以及机动车维修、货物装卸保管和旅客急救等相关知识，具备相应的授课能力，具有2年以上从事普通机动车驾驶员培训的教学经历，且近2年无不良的教学记录。	第十一条　 申请 从事道路运输驾驶员从业资格培训业务的，应当具备下列条件： （一）取得企业法人资格。 （二）有健全的组织机构。 包括教学、教练员、学员、质量、安全和设施设备管理等组织机构，并明确负责人、管理人员、教练员和其他人员的岗位职责。具体要求按照有关国家标准执行。 （三）有健全的管理制度。 包括安全管理制度、教练员管理制度、学员管理制度、培训质量管理制度、教学车辆管理制度、教学设施设备管理制度、教练场地管理制度、档案管理制度等。具体要求按照有关国家标准执行。 （二 四）具备相应车型的普通机动车驾驶员培训资格 有与培训业务相适应的教学车辆。 1.从事道路客货运输驾驶员从业资格培训业务的，应当同时具备大型客车、城市公交车、中型客车、小型汽车、(含小型自动挡汽车)等 四 五种车型中至少一种车型的 普通机动车驾驶员培训资格 教学车辆和 通用货车半挂车(重型 牵引车)、大型货车等两种车型中至少一种车型的 普通机动车驾驶员培训资格 教学车辆。

附录2　2016年版、2022年版《机动车驾驶员培训管理规定》对照表

续上表

交通运输部令2016年第51号	交通运输部令2022年第32号
第二章　经营许可	第二章　经营 许可 备案
	2.从事危险货物运输驾驶员从业资格培训业务的,应当具备 通用货车半挂车(重型牵引挂车) 、大型货车等两种车型中至少一种车型的 普通机动车驾驶员培训资格 教学车辆。 **3.所配备的教学车辆不少于5辆,且每种车型教学车辆不少于2辆。教学车辆具体要求按照有关国家标准执行。** (三 五)有与培训业务相适应的教学人员。 1.从事道路客货运输驾驶员从业资格理论知识培训 业务 的, 应当配备2名以上教练员。 教练员应当**持有机动车驾驶证**,具有汽车及相关专业大专以上学历或者汽车及相关专业高级以上技术职称,**具有2年以上安全驾驶经历**,熟悉道路**交通安全法规、驾驶理论**、旅客运输法规、货物运输法规以及机动车维修、货物装卸保管和旅客急救等相关知识, 具备相应 了解教育学、教育心理学的**基本教学知识,具备编写教案、规范讲解**的授课能力,具有2年以上从事普通机动车驾驶员培训的教学经历,且近2年无不良的教学记录。从事应用能力教学的,还应当具有相应车型的驾驶经历,熟悉机动车安全检视、伤员急救、危险源辨识与防御性驾驶以及节能驾驶的相关知识,具备相应的教学能力。
2.从事危险货物运输驾驶员从业资格培训业务的,应当配备2名以上教练员。教练员应当具有化工及相关专业大专以上学历或者化工及相关专业高级以上技术职称,熟悉危险货物运输法规、危险化学品特性、包装容器使用方法、职业安全防护和应急救援等知识,具备相应的授课能力,具有2年以上化工及相关专业的教学经历,且近2年无不良的教学记录。	

续上表

交通运输部令 2016 年第 51 号	交通运输部令 2022 年第 32 号
第二章　经营许可	第二章　经营 许可 备案
（四）有必要的教学设施、设备和场地。 1. 从事道路客货运输驾驶员从业资格培训业务的，应当配备相应的机动车构造、机动车维护、常见故障诊断和排除、货物装卸保管、医学救护、消防器材等教学设施、设备和专用场地。 2. 从事危险货物运输驾驶员从业资格培训业务的，还应当同时配备常见危险化学品样本、包装容器、教学挂图、危险化学品实验室等设施、设备和专用场地。	2. 从事危险货物运输驾驶员从业资格理论知识培训 业务 的， 应当配备 2 名以上教练员。 教练员应当 持有机动车驾驶证 ，具有化工及相关专业大专以上学历或者化工及相关专业高级以上技术职称， 具有 2 年以上安全驾驶经历 ，熟悉道路交通安全法规、驾驶理论、危险货物运输法规、危险化学品特性、包装容器使用方法、职业安全防护和应急救援等知识，具备相应的授课能力，具有 2 年以上化工及相关专业的教学经历，且近 2 年无不良的教学记录。从事应用能力教学的，还应当具有相应车型的驾驶经历，熟悉机动车安全检视、伤员急救、危险源辨识与防御性驾驶以及节能驾驶的相关知识，具备相应的教学能力。 3. 所配备教练员的数量应不低于教学车辆的数量。 （ 四 六）有必要的教学设施、设备和场地。 1. 从事道路客货运输驾驶员从业资格培训业务的， 应当 配备相应车型的 教练场地 ，机动车构造、机动车维护、常见故障诊断和排除、货物装卸保管、医学救护、消防器材等教学设施、设备和专用场地。 教练场地要求按照有关国家标准执行。 2. 从事危险货物运输驾驶员从业资格培训业务的，还应当同时配备常见危险化学品样本、包装容器、教学挂图、危险化学品实验室等设施、设备和专用场地。

附录2　2016年版、2022年版《机动车驾驶员培训管理规定》对照表

续上表

交通运输部令2016年第51号	交通运输部令2022年第32号
第二章　经营许可	第二章　经营许可备案
第十二条　申请从事机动车驾驶员培训教练场经营业务的，应当具备下列条件： （一）取得企业法人资格。 （二）有与经营业务相适应的教练场地。具体要求按照《机动车驾驶员培训教练场技术要求》（GB/T 30341）相关条款的规定执行。 （三）有与经营业务相适应的场地设施、设备，办公、教学、生活设施以及维护服务设施。具体要求按照《机动车驾驶员培训教练场技术要求》（GB/T 30341）相关条款的规定执行。 （四）具备相应的安全条件。包括场地封闭设施、训练区隔离设施、安全通道以及消防设施、设备等。具体要求按照《机动车驾驶员培训教练场技术要求》（GB/T 30341）相关条款的规定执行。 （五）有相应的管理人员。包括教练场安全负责人、档案管理人员以及场地设施、设备管理人员。 （六）有健全的安全管理制度。包括安全检查制度、安全责任制度、教学车辆安全管理制度以及突发事件应急预案等。	第十二条　申请从事机动车驾驶员培训教练场经营业务的，应当具备下列条件： （一）取得企业法人资格。 （二）有与经营业务相适应的教练场地。具体要求按照《机动车驾驶员培训教练场技术要求》（GB/T 30341）相关条款的规定有关国家标准执行。 （三）有与经营业务相适应的场地设施、设备，办公、教学、生活设施以及维护服务设施。具体要求按照《机动车驾驶员培训教练场技术要求》（GB/T 30341）相关条款的规定有关国家标准执行。 （四）具备相应的安全条件。包括场地封闭设施、训练区隔离设施、安全通道以及消防设施、设备等。具体要求按照《机动车驾驶员培训教练场技术要求》（GB/T 30341）相关条款的规定有关国家标准执行。 （五）有相应的管理人员。包括教练场安全负责人、档案管理人员以及场地设施、设备管理人员。 （六）有健全的安全管理制度。包括安全检查制度、安全责任制度、教学车辆安全管理制度以及突发事件应急预案等。

续上表

交通运输部令2016年第51号	交通运输部令2022年第32号
第二章　经营许可	第二章　经营 许可 备案
第十三条　申请从事机动车驾驶员培训经营的，应当依法向工商行政管理机关办理有关登记手续后，向所在地县级道路运输管理机构提出申请，并提交以下材料： （一）《交通行政许可申请书》； （二）申请人身份证明及复印件； （三）经营场所使用权证明或产权证明及复印件； （四）教练场地使用权证明或产权证明及复印件； （五）教练场地技术条件说明； （六）教学车辆技术条件、车型及数量证明（申请从事机动车驾驶员培训教练场经营的无需提交）； （七）教学车辆购置证明（申请从事机动车驾驶员培训教练场经营的无需提交）；	第十三条　 申请 从事机动车驾驶员培训 经营 业务的，应当依法向 工商 行政管理机关 市场监督管理部门办理有关登记手续后，最迟不晚于开始经营活动的15日内，向所在地县级 道路运 输管理机构提出申请， 交通运输主管部门办理备案，并提交以下材料，保证材料真实、完整、有效： （一） 《交通行政许可申请书》 《机动车驾驶员培训备案表》（式样见附件1）； （二）企业法定代表 申请 人身份证明 及复印件 ； （三）经营场所使用权证明或者产权证明 及复印件 ； （四）教练场地使用权证明或者产权证明 及复印件 ； （五）教练场地技术条件说明； （六）教学车辆技术条件、车型及数量证明（ 申请 从事机动车驾驶员培训教练场经营的无需提交）； （七）教学车辆购置证明（ 申请 从事机动车驾驶员培训教练场经营的无需提交）； （八）机构设置、岗位职责和管理制度材料；

附录 2　2016 年版、2022 年版《机动车驾驶员培训管理规定》对照表

续上表

交通运输部令 2016 年第 51 号	交通运输部令 2022 年第 32 号
第二章　经营许可	第二章　经营许可备案
（八）各类设施、设备清单； （九）拟聘用人员名册、职称证明； （十）申请人办理的工商营业执照正、副本及复印件； （十一）根据本规定需要提供的其他相关材料。 申请从事普通机动车驾驶员培训业务的，在递交申请材料时，应当同时提供由公安交警部门出具的相关人员安全驾驶经历证明，安全驾驶经历的起算时间自申请材料递交之日起倒计。	（八九）各类设施、设备清单； （九十）拟聘用人员名册、职称证明； （十一）申请人办理的工商营业执照正、副本及复印件； **（十二）学时收费标准。** （十一）根据本规定需要提供的其他相关材料。 申请从事普通机动车驾驶员培训业务的，在递交申请提交备案材料时，应当同时提供由公安交警部门机关交通管理部门出具的相关人员安全驾驶经历证明，安全驾驶经历的起算时间自申请备案材料递交提交之日起倒计。
第十四条　道路运输管理机构应当按照《中华人民共和国道路运输条例》和《交通行政许可实施程序规定》规范的程序实施机动车驾驶员培训业务的行政许可。	第十四条　县级交通运输主管部门收到备案材料后，对材料齐全且符合要求的，应当予以备案并编号归档；对材料不齐全或者不符合要求的，应当当场或者自收到备案材料之日起 5 日内一次性书面通知备案人需要补充的全部内容。 道路运输管理机构应当按照《中华人民共和国道路运输条例》和《交通行政许可实施程序规定》规范的程序实施机动车驾驶员培训业务的行政许可。

续上表

交通运输部令 2016 年第 51 号 第二章　经营许可	交通运输部令 2022 年第 32 号 第二章　经营 许可 备案
第十五条　道路运输管理机构应当对申请材料中关于教练场地、教学车辆以及各种设施、设备的实质内容进行核实。	第十五条　道路运输管理机构应当对申请材料中关于教练场地、教学车辆以及各种设施、设备的实质内容进行核实。
第十六条　道路运输管理机构对机动车驾驶员培训业务申请予以受理的，应当自受理申请之日起 15 日内审查完毕，作出许可或者不予许可的决定。对符合法定条件的，道路运输管理机构作出准予行政许可的决定，向申请人出具《交通行政许可决定书》，并在 10 日内向被许可人颁发机动车驾驶员培训许可证件，明确许可事项；对不符合法定条件的，道路运输管理机构作出不予许可的决定，向申请人出具《不予交通行政许可决定书》，说明理由，并告知申请人享有依法申请行政复议或者提起行政诉讼的权利。	第十六条　道路运输管理机构对机动车驾驶员培训业务申请予以受理的，应当自受理申请之日起 15 日内审查完毕，作出许可或者不予许可的决定。对符合法定条件的，道路运输管理机构作出准予行政许可的决定，向申请人出具《交通行政许可决定书》，并在 10 日内向被许可人颁发机动车驾驶员培训许可证件，明确许可事项；对不符合法定条件的，道路运输管理机构作出不予许可的决定，向申请人出具《不予交通行政许可决定书》，说明理由，并告知申请人享有依法申请行政复议或者提起行政诉讼的权利。
第十七条　机动车驾驶员培训许可证件实行有效期制。从事普通机动车驾驶员培训业务和机动车驾驶员培训教练场经营业务的证件有效期为 6 年；从事道路运输驾驶员从业资格培训业务的证件有效期为 4 年。	第十七条　机动车驾驶员培训许可证件实行有效期制。从事普通机动车驾驶员培训业务和机动车驾驶员培训教练场经营业务的证件有效期为 6 年；从事道路运输驾驶员从业资格培训经营业务的证件有效期为 4 年。

附录2　2016年版、2022年版《机动车驾驶员培训管理规定》对照表

续上表

交通运输部令2016年第51号 第二章　经营许可	交通运输部令2022年第32号 第二章　经营 许可 备案
机动车驾驶员培训许可证件由省级道路运输管理机构统一印制并编号，县级道路运输管理机构按照规定发放和管理。 机动车驾驶员培训机构应当在许可证件有效期届满前30日到作出原许可决定的道路运输管理机构办理换证手续。	机动车驾驶员培训许可证件由省级道路运输管理机构统一印制并编号，县级道路运输管理机构按照规定发放和管理。 机动车驾驶员培训机构应当在许可证件有效期届满前30日到作出原许可决定的道路运输管理机构办理换证手续。
第十八条　机动车驾驶员培训机构变更许可事项的，应当向原作出许可决定的道路运输管理机构提出申请；符合法定条件、标准的，实施机关应当依法办理变更手续。 机动车驾驶员培训机构变更名称、法定代表人等事项的，应当向原作出许可决定的道路运输管理机构备案。	第十 八 五条　机动车驾驶员培训机构变更 许可 培训能力、培训车型及数量、培训内容、教练场地等备案事项的，应当向原作出许可决定的道路运输管理机构提出申请；符合法定条件、标准 的，实施机关应当依法办理变更手续，并在变更之日起15日内向原备案部门办理备案变更。 机动车驾驶员培训机构 变更 名称、法定代表人、经营场所等营业执照登记事项发生变化的，应当在完成营业执照变更登记后15日内向原 作出许可决定的道路运输管理机构 备案部门办理变更手续。
第十九条　机动车驾驶员培训机构需要终止经营的，应当在终止经营前30日到原作出许可决定的道路运输管理机构办理行政许可注销手续。	第十 九 六条　机动车驾驶员培训机构需要终止经营的，应当在终止经营前30日内书面告知原备案部门。 到原作出许可决定的道路运输管理机构办理行政许可注销手续。

续上表

交通运输部令 2016 年第 51 号	交通运输部令 2022 年第 32 号
第二章 经营许可	第二章 经营 许可 备案
	第十七条 县级交通运输主管部门应当向社会公布已备案的机动车驾驶员培训机构名称、法定代表人、经营场所、培训车型、教练场地等信息，并及时更新，供社会查询和监督。
第三章 教练员管理	第三章 教练员管理
第二十条 鼓励教练员同时具备理论教练员和驾驶操作教练员的教学水平。	第 二 十八条 机动车驾驶培训教练员实行职业技能等级制度。鼓励机动车驾驶员培训机构优先聘用取得职业技能等级证书的人员担任教练员。鼓励教练员同时具备理论教练员和驾驶操作教练员的教学水平。
	第十九条 机动车驾驶员培训机构应当建立健全教练员聘用管理制度，不得聘用最近连续 3 个记分周期内有交通违法记分满分记录或者发生交通死亡责任事故、组织或者参与考试舞弊、收受或者索取学员财物的人员担任教练员。
第二十一条 机动车驾驶培训教练员应当按照统一的教学大纲规范施教，并如实填写《教学日志》和《中华人民共和国机动车驾驶员培训记录》（简称《培训记录》，式样见附件1）。	第二十 一 条 机动车驾驶培训 教练员应当按照统一的教学大纲规范施教，并如实填写《教学日志》和 中华人民共和国 机动车驾驶员培训记录》（以下简称《培训记录》，式样见附件 1 2）。 在教学过程中，教练员不得将教学车辆交给与教学无关人员驾驶。

附录2 2016年版、2022年版《机动车驾驶员培训管理规定》对照表

续上表

交通运输部令2016年第51号	交通运输部令2022年第32号
第三章　教练员管理	第三章　教练员管理
第二十二条　机动车驾驶员培训机构应当加强对教练员的职业道德教育和驾驶新知识、新技术的再教育，对教练员每年进行至少一周的脱岗培训，提高教练员的职业素质。	第二十一条　机动车驾驶员培训机构应当对教练员进行道路交通安全法律法规、教学技能、应急处置等相关内容的岗前培训，加强对教练员的职业道德教育和驾驶新知识、新技术的再教育，对教练员每年进行至少一周的脱岗培训，提高教练员的职业素质。
第二十三条　机动车驾驶员培训机构应当加强对教练员教学情况的监督检查，定期对教练员的教学水平和职业道德进行评议，公布教练员的教学质量排行情况，督促教练员提高教学质量。	第二十二条　机动车驾驶员培训机构应当加强对教练员教学情况的监督检查，定期开展教练员教学质量信誉考核，对教练员的教学水平和职业道德进行评议，公布考核结果教练员的教学质量排行情况，督促教练员提高教学质量。
第二十四条　省级道路运输管理机构应当制定机动车驾驶培训教练员教学质量信誉考核办法，对机动车驾驶培训教练员实行教学质量信誉考核制度。 机动车驾驶培训教练员教学质量信誉考核内容应当包括教练员的基本情况、教学业绩、教学质量排行情况、参加再教育情况、不良记录等。	第二十三条　省级道路运输管理机构交通运输主管部门应当制定机动车驾驶教练员教学质量信誉考核办法，对机动车驾驶培训教练员实行教学质量信誉考核制度。机动车驾驶培训教练员教学质量信誉考核内容应当包括教练员的基本情况、教学业绩、教学质量排行情况、参加再教育情况、不良记录等。

续上表

交通运输部令 2016 年第 51 号	交通运输部令 2022 年第 32 号
第三章 教练员管理	第三章 教练员管理
第二十五条 省级道路运输管理机构应当建立教练员档案,使用统一的数据库和管理软件,实行计算机联网管理,并依法向社会公开教练员信息。机动车驾驶培训教练员教学质量信誉考核结果是教练员档案的重要组成部分。	第二十 五 四条 机动车驾驶员培训机构应当建立教练员档案,并将教练员档案主要信息按要求报送县级交通运输主管部门。 教练员档案包括教练员的基本情况、职业技能等级证书取得情况、参加岗前培训和再教育情况、教学质量信誉考核情况等。 省级道路运输管理机构 县级交通运输主管部门应当建立教练员信息档案,使用统一的数据库和管理软件,实行计算机联网管理,并依法向社会公开教练员信息。机动车驾驶培训教练员教学质量信誉考核结果是教练员档案的重要组成部分 并通过信息化手段对教练员信息档案进行动态管理。
第四章 经营管理	第四章 经营管理
第二十六条 在未取得机动车驾驶员培训许可证件前,任何单位或者个人不得开展机动车驾驶员培训经营活动。机动车驾驶员培训机构应当按照经批准的行政许可事项开展培训业务。	第二十 六 五条 在未取得机动车驾驶员培训许可证件前,任何单位或个人不得开展机动车驾驶员培训经营活动。机动车驾驶员培训机构 应当按照经批准的行政许可事项 开展培训业务,应当与备案事项保持一致,并保持备案经营项目需具备的业务条件。

附录2 2016年版、2022年版《机动车驾驶员培训管理规定》对照表

续上表

交通运输部令2016年第51号	交通运输部令2022年第32号
第四章　经营管理	第四章　经营管理
第二十七条　机动车驾驶员培训机构应当将机动车驾驶员培训许可证件悬挂在经营场所的醒目位置,公示其经营类别、培训范围、收费项目、收费标准、教练员、教学场地等情况。	第二十~~七~~六条　机动车驾驶员培训机构应当~~将机动车驾驶员培训许可证件悬挂~~在经营场所的醒目位置,公示其~~经营类别、培训范围~~经营项目、培训能力、培训车型、培训内容、收费项目、收费标准、教练员、教学场地、投诉方式、学员满意度评价参与方式等情况。
	第二十七条　机动车驾驶员培训机构应当与学员签订培训合同,明确双方权利义务,按照合同约定提供培训服务,保障学员自主选择教练员等合法权益。
第二十八条　机动车驾驶员培训机构应当在注册地开展培训业务,不得采取异地培训、恶意压价、欺骗学员等不正当手段开展经营活动,不得允许社会车辆以其名义开展机动车驾驶员培训经营活动。	第二十八条　机动车驾驶员培训机构应当在~~注册~~备案地开展培训业务,不得采取异地培训、恶意压价、欺骗学员等不正当手段开展经营活动,不得允许社会车辆以其名义开展机动车驾驶员培训经营活动。
第二十九条　机动车驾驶员培训实行学时制,按照学时合理收取费用。机动车驾驶员培训机构应当将学时收费标准报所在地道路运输管理机构备案。 对每个学员理论培训时间每天不得超过6个学时,实际操作培训时间每天不得超过4个学时。	第二十九条　机动车驾驶员培训实行学时制,按照学时合理收取费用。~~机动车驾驶员培训机构应当将学时收费标准报所在地道路运输管理机构备案。~~鼓励机动车驾驶员培训机构提供计时培训计时收费、先培训后付费服务模式。 对每个学员理论培训时间每天不得超过6个学时,实际操作培训时间每天不得超过4个学时。

续上表

交通运输部令 2016 年第 51 号	交通运输部令 2022 年第 32 号
第四章　经营管理	第四章　经营管理
第三十条　机动车驾驶员培训机构应当建立学时预约制度，并向社会公布联系电话和预约方式。	第三十条　机动车驾驶员培训机构应当建立学时预约制度，并向社会公布联系电话和预约方式。
第三十一条　参加机动车驾驶员培训的人员，在报名时应当填写《机动车驾驶员培训学员登记表》(以下简称《学员登记表》，式样见附件2)，并提供身份证明及复印件。参加道路运输驾驶员从业资格培训的人员，还应当同时提供驾驶证及复印件。报名人员应当对所提供材料的真实性负责。	第三十一条　参加机动车驾驶员培训的人员，在报名时应当填写《机动车驾驶员培训学员登记表》(以下简称《学员登记表》，式样见附件 2 3)，并提供身份证明 及复印件。参加道路运输驾驶员从业资格培训的人员，还应当同时提供相应的驾驶证 及复印件。报名人员应当对所提供材料的真实性负责。
第三十二条　机动车驾驶员培训机构应当按照全国统一的教学大纲进行培训。培训结束时，应当向结业人员颁发《机动车驾驶员培训结业证书》(以下简称《结业证书》，式样见附件3)。 《结业证书》由省级道路运输管理机构按照全国统一式样印制并编号。	第三十二条　机动车驾驶员培训机构应当按照全国统一的教学大纲内容和学时要求，制定教学计划，开展 进行 培训教学活动。 培训教学活动结束 时 后，机动车驾驶员培训机构应当组织学员结业考核，向 结业人员 考核合格的学员颁发《机动车驾驶员培训结业证书》(以下简称《结业证书》，式样见附件 3 4)。 《结业证书》由省级 道路运输管理机构 交通运输主管部门按照全国统一式样监 印制并编号。

附录2 2016年版、2022年版《机动车驾驶员培训管理规定》对照表

续上表

交通运输部令2016年第51号	交通运输部令2022年第32号
第四章 经营管理	第四章 经营管理
第三十三条 机动车驾驶员培训机构应当建立学员档案。学员档案主要包括:《学员登记表》《教学日志》《培训记录》《结业证书》复印件等。 学员档案保存期不少于4年。	第三十三条 机动车驾驶员培训机构应当建立学员档案。学员档案主要包括:《学员登记表》《教学日志》《培训记录》《结业证书》复印件等。 学员档案保存期不少于4年。
第三十四条 机动车驾驶员培训机构应当使用符合标准并取得牌证、具有统一标识的教学车辆。 教学车辆的统一标识由省级道路运输管理机构负责制定,并组织实施。	第三十四条 机动车驾驶员培训机构应当使用符合标准并取得牌证、具有统一标识的教学车辆。 教学车辆的统一标识由省级 道路运输管理机构 交通运输主管部门负责制定,并组织实施。
第三十五条 机动车驾驶员培训机构应当按照国家的有关规定对教学车辆进行定期维护和检测,保持教学车辆性能完好,满足教学和安全行车的要求,并按照国家有关规定及时更新。 禁止使用报废的、检测不合格的和其他不符合国家规定的车辆从事机动车驾驶员培训业务。不得随意改变教学车辆的用途。	第三十五条 机动车驾驶员培训机构应当按照国家 的 有关规定对教学车辆进行定期维护和检测,保持教学车辆性能完好,满足教学和安全行车的要求,并按照国家有关规定及时更新。 禁止使用报废 的 、检测不合格 的 和其他不符合国家规定的车辆从事机动车驾驶员培训业务。不得随意改变教学车辆的用途。
第三十六条 机动车驾驶员培训机构应当建立教学车辆档案。教学车辆档案主要内容包括:车辆基本情况、维护和检测情况、技术等级记录、行驶里程记录等。 教学车辆档案应当保存至车辆报废后1年。	第三十六条 机动车驾驶员培训机构应当建立教学车辆档案。教学车辆档案主要内容包括:车辆基本情况、维护和检测情况、技术等级记录、行驶里程记录等。 教学车辆档案应当保存至车辆报废后1年。

续上表

交通运输部令 2016 年第 51 号	交通运输部令 2022 年第 32 号
第四章　经营管理	第四章　经营管理
第三十七条　机动车驾驶员培训机构在道路上进行培训活动,应当遵守公安交通管理部门指定的路线和时间,并在教练员随车指导下进行,与教学无关的人员不得乘坐教学车辆。	第三十七条　机动车驾驶员培训机构应当在其备案的教练场地开展基础和场地驾驶培训。 　　机动车驾驶员培训机构在道路上进行培训活动,应当遵守公安**机关**交通管理部门指定的路线和时间,并在教练员随车指导下进行,与教学无关的人员不得乘坐教学车辆。
第三十八条　机动车驾驶员培训机构应当保持教学设施、设备的完好,充分利用先进的科技手段,提高培训质量。	第三十八条　机动车驾驶员培训机构应当保持教学设施、设备的完好,充分利用先进的科技手段,提高培训质量。
第三十九条　机动车驾驶员培训机构应当按照有关规定向县级以上道路运输管理机构报送《培训记录》以及有关统计资料。 　　《培训记录》应当经教练员审核签字。	第三十九条　机动车驾驶员培训机构应当按照有关规定,向 县级以上 道路运输管理机构 交通运输主管部门报送《培训记录》以及有关统计资料**等信息**。 　　《培训记录》应当经教练员 审核 签字、**机动车驾驶员培训机构审核确认**。
第四十条　道路运输管理机构应当根据机动车驾驶员培训机构执行教学大纲、颁发《结业证书》等情况,对《培训记录》及统计资料进行严格审查。	第四十条　 道路运输管理机构 交通运输主管部门应当根据机动车驾驶员培训机构执行教学大纲、颁发《结业证书》等情况,对《培训记录》及 统计 有关资料进行严格审查。

附录2　2016年版、2022年版《机动车驾驶员培训管理规定》对照表

续上表

交通运输部令2016年第51号	交通运输部令2022年第32号
第四章　经营管理	第四章　经营管理
第四十一条　省级道路运输管理机构应当建立机动车驾驶员培训机构质量信誉考评体系，制定机动车驾驶员培训监督管理的量化考核标准，并定期向社会公布对机动车驾驶员培训机构的考核结果。 机动车驾驶员培训机构质量信誉考评应当包括培训机构的基本情况、教学大纲执行情况、《结业证书》发放情况、《培训记录》填写情况、教练员的质量信誉考核结果、培训业绩、考试情况、不良记录等内容。	第四十一条　省级[道路运输管理机构]交通运输主管部门应当建立机动车驾驶员培训机构质量信誉考评体系，制定机动车驾驶员培训监督管理的量化考核标准，并定期向社会公布对机动车驾驶员培训机构的考核结果。 机动车驾驶员培训机构质量信誉考评应当包括培训机构的基本情况、**学员满意度评价情况**、教学大纲执行情况、《结业证书》发放情况、《培训记录》填写情况、[教练员的质量信誉考核结果]、培训业绩、考试情况、不良记录、**教练员教学质量信誉考核开展情况**等内容。 机动车驾驶员培训机构的学员满意度评价应当包括教学质量、服务质量、教学环境、教学方式、教练员评价等内容，具体实施细则由省级交通运输主管部门确定。
第五章　监督检查	第五章　监督检查
第四十二条　各级道路运输管理机构应当加强对机动车驾驶员培训经营活动的监督检查，积极运用信息化技术手段，科学、高效地开展工作。	第四十二条　[各级道路运输管理机构]交通运输主管部门应当[加强]依法对机动车驾驶员培训经营活动[的]进行监督检查，[积极运用信息化技术手段，科学、高效地开展工作]督促机动车驾驶员培训机构及时办理备案手续，加强对机动车驾驶员培训机构是否备案、是否保持备案经营项目需具备的业务条件、备案事项与实际从事业务是否一致等情况的检查。

续上表

交通运输部令 2016 年第 51 号	交通运输部令 2022 年第 32 号
第五章　监督检查	第五章　监督检查
	监督检查活动原则上随机抽取检查对象、检查人员,严格遵守《交通运输行政执法程序规定》等相关规定,检查结果向社会公布。
第四十三条　道路运输管理机构的工作人员应当严格按照职责权限和程序进行监督检查,不得滥用职权、徇私舞弊,不得乱收费、乱罚款,不得妨碍培训机构的正常工作秩序。	第四十三条　道路运输管理机构的工作人员应当严格按照职责权限和程序进行监督检查,不得滥用职权、徇私舞弊,不得乱收费、乱罚款,不得妨碍培训机构的正常工作秩序。
第四十四条　道路运输管理机构实施现场监督检查,应当指派 2 名以上执法人员参加。执法人员应当向当事人出示交通运输部监制的交通行政执法证件。 执法人员实施现场监督检查,可以行使下列职权: (一)询问教练员、学员以及其他相关人员,并可以要求被询问人提供与违法行为有关的证明材料; (二)查阅、复制与违法行为有关的《教学日志》《培训记录》及其他资料;核对与违法行为有关的技术资料; (三)在违法行为发现场所进行摄影、摄像取证; (四)检查与违法行为有关的教学车辆和教学设施、设备。	第四十四条　道路运输管理机构实施现场监督检查,应当指派 2 名以上执法人员参加。执法人员应当向当事人出示交通运输部监制的交通行政执法证件。 执法人员实施现场监督检查,可以行使下列职权: (一)询问教练员、学员以及其他相关人员,并可以要求被询问人提供与违法行为有关的证明材料; (二)查阅、复制与违法行为有关的《教学日志》《培训记录》及其他资料;核对与违法行为有关的技术资料;

附录2　2016年版、2022年版《机动车驾驶员培训管理规定》对照表

续上表

交通运输部令2016年第51号 第五章　监督检查	交通运输部令2022年第32号 第五章　监督检查
执法人员应当如实记录检查情况和处理结果，并按照规定归档。当事人有权查阅监督检查记录。	(三)在违法行为发现场所进行摄影、摄像取证； (四)检查与违法行为有关的教学车辆和教学设施、设备。 执法人员应当如实记录检查情况和处理结果，并按照规定归档。当事人有权查阅监督检查记录。
第四十五条　机动车驾驶员培训机构在许可机关管辖区域外违法从事培训活动的，违法行为发生地的道路运输管理机构应当依法对其予以处罚，同时将违法事实、处罚结果抄送许可机关。	第四十五条　机动车驾驶员培训机构在许可机关管辖区域外违法从事培训活动的，违法行为发生地的道路运输管理机构应当依法对其予以处罚，同时将违法事实、处罚结果抄送许可机关。
第四十六条　机动车驾驶员培训机构、管理人员、教练员、学员以及其他相关人员应当积极配合执法人员的监督检查工作，如实反映情况，提供有关资料。	第四十六三条　机动车驾驶员培训机构、管理人员、教练员、学员以及其他相关人员应当积极配合执法**检查**人员的监督检查工作，如实反映情况，提供有关资料。
	第四十四条　已经备案的机动车驾驶员培训机构未保持备案经营项目需具备的业务条件的，交通运输主管部门应当责令其限期整改，并将整改要求、整改结果等相关情况向社会公布。

续上表

交通运输部令 2016 年第 51 号	交通运输部令 2022 年第 32 号
第五章　监督检查	**第五章　监督检查**
	第四十五条　交通运输主管部门应当健全信用管理制度，加强机动车驾驶员培训机构质量信誉考核结果的运用，强化对机动车驾驶员培训机构和教练员的信用监管。
	第四十六条　交通运输主管部门应当与相关部门建立健全协同监管机制，及时向公安机关、市场监督管理等部门通报机动车驾驶员培训机构备案、停业、终止经营等信息，加强部门间信息共享和跨部门联合监管。
	第四十七条　鼓励机动车驾驶员培训相关行业协会健全完善行业规范，加强行业自律，促进行业持续健康发展。
第六章　法律责任	**第六章　法律责任**
第四十七条　违反本规定，未经许可擅自从事机动车驾驶员培训业务，有下列情形之一的，由县级以上道路运输管理机构责令停止经营；有违法所得的，没收违法所得，并处违法所得2倍以上10倍以下的罚款；没有违法所得或者违法所得不足1万元的，处2万元以上5万元以下的罚款；构成犯罪的，依法追究刑事责任： （一）未取得机动车驾驶员培训许可证件，非法从事机动车驾驶员培训业务的；	第四十七八条　违反本规定，未经许可擅自从事机动车驾驶员培训业务，有下列情形之一的，由县级以上道路运输管理机构交通运输主管部门责令停止经营；有违法所得的，没收违法所得，并处违法所得2倍以上10倍以下的罚款；没有违法所得或者违法所得不足1万元的，处2万元以上5万元以下的罚款；构成犯罪的，依法追究刑事责任改正；拒不改正的，处5000元以上2万元以下的罚款；

附录2 2016年版、2022年版《机动车驾驶员培训管理规定》对照表

续上表

交通运输部令2016年第51号 第六章 法律责任	交通运输部令2022年第32号 第六章 法律责任
（二）使用无效、伪造、变造、被注销的机动车驾驶员培训许可证件，非法从事机动车驾驶员培训业务的； （三）超越许可事项，非法从事机动车驾驶员培训业务的。	（一）未取得机动车驾驶员培训许可证件，非法从事机动车驾驶员培训业务未按规定办理备案的； （二）使用无效、伪造、变造、被注销的机动车驾驶员培训许可证件，非法从事机动车驾驶员培训业务的； （三）超越许可事项，非法从事的机动车驾驶员培训业务的。 （二）未按规定办理备案变更的； （三）提交虚假备案材料的。 有前款第三项行为且情节严重的，其直接负责的主管人员和其他直接责任人员5年内不得从事原备案的机动车驾驶员培训业务。
第四十八条 违反本规定，机动车驾驶员培训机构非法转让、出租机动车驾驶员培训许可证件的，由县级以上道路运输管理机构责令停止违法行为，收缴有关证件，处2000元以上1万元以下的罚款；有违法所得的，没收违法所得。 对于接受非法转让、出租的受让方，应当按照第四十七条的规定处罚。	第四十八条 违反本规定，机动车驾驶员培训机构非法转让、出租机动车驾驶员培训许可证件的，由县级以上道路运输管理机构责令停止违法行为，收缴有关证件，处2000元以上1万元以下的罚款；有违法所得的，没收违法所得。 对于接受非法转让、出租的受让方，应当按照第四十七条的规定处罚。

续上表

交通运输部令 2016 年第 51 号	交通运输部令 2022 年第 32 号
第六章　法律责任	第六章　法律责任
第四十九条　违反本规定,机动车驾驶员培训机构不严格按照规定进行培训或者在培训结业证书发放时弄虚作假,有下列情形之一的,由县级以上道路运输管理机构责令改正;拒不改正的,由原许可机关吊销其经营许可: （一）未按照全国统一的教学大纲进行培训的; （二）未向培训结业的人员颁发《结业证书》的; （三）向培训未结业的人员颁发《结业证书》的; （四）向未参加培训的人员颁发《结业证书》的; （五）使用无效、伪造、变造《结业证书》的; （六）租用其他机动车驾驶员培训机构《结业证书》的。	第四十九条　违反本规定,机动车驾驶员培训机构不严格按照规定进行培训或者在培训结业证书发放时弄虚作假,有下列情形之一的,由县级以上道路运输管理机构交通运输主管部门责令改正;拒不改正的,责令停业整顿由原许可机关吊销其经营许可: （一）未按照全国统一的教学大纲进行培训的; （二）未在备案的教练场地开展基础和场地驾驶培训的; （二三）未按规定组织学员结业考核或者未向培训结业的人员颁发《结业证书》的; （三）向培训未结业的人员颁发《结业证书》的; （四）向未参加培训、未完成培训、未参加结业考核或者结业考核不合格的人员颁发《结业证书》的;。 （五）使用无效、伪造、变造《结业证书》的; （六）租用其他机动车驾驶员培训机构《结业证书》的。

附录2　2016年版、2022年版《机动车驾驶员培训管理规定》对照表

续上表

交通运输部令2016年第51号	交通运输部令2022年第32号
第六章　法律责任	第六章　法律责任
第五十条　违反本规定,机动车驾驶员培训机构有下列情形之一的,由县级以上道路运输管理机构责令限期整改;逾期整改不合格的,予以通报: （一）未在经营场所醒目位置悬挂机动车驾驶员培训经营许可证件的; （二）未在经营场所公示其经营类别、培训范围、收费项目、收费标准、教练员、教学场地等情况的; （三）未按照要求聘用教学人员的; （四）未按规定建立学员档案、教学车辆档案的; （五）未按规定报送《培训记录》和有关统计资料的; （六）使用不符合规定的车辆及设施、设备从事教学活动的; （七）存在索取、收受学员财物,或者谋取其他利益等不良行为的; （八）未定期公布教练员教学质量排行情况的; （九）违反本规定其他有关规定的。	第五十条　违反本规定,机动车驾驶员培训机构有下列情形之一的,由县级以上道路运输管理机构交通运输主管部门责令限期整改;逾期整改不合格的,予以通报批评: （一）未在经营场所醒目位置悬挂机动车驾驶员培训经营许可证件的; （二）未在经营场所的醒目位置公示其经营类别、培训范围、经营项目、培训能力、培训车型、培训内容、收费项目、收费标准、教练员、教学场地、投诉方式、学员满意度评价参与方式等情况的; （三二）未按照要求规定聘用教学人员的; （四三）未按规定建立教练员档案、学员档案、教学车辆档案的; （五四）未按规定报送《培训记录》、教练员档案主要信息和有关统计资料等信息的; （六五）使用不符合规定的车辆及设施、设备从事教学活动的; （七六）存在索取、收受学员财物,或者谋取其他利益等不良行为的;

续上表

交通运输部令2016年第51号 第六章 法律责任	交通运输部令2022年第32号 第六章 法律责任
	(七)未按规定与学员签订培训合同的; (八)未按规定开展教练员岗前培训或者再教育的; (八九)未定期公布开展教练员教学质量排行情况的;信誉考核或者未公布考核结果的。 (九)违反本规定其他有关规定的。
第五十一条 违反本规定,机动车驾驶培训教练员有下列情形之一的,由县级以上道路运输管理机构责令限期整改;逾期整改不合格的,予以通报: (一)未按照全国统一的教学大纲进行教学的; (二)填写《教学日志》、《培训记录》弄虚作假的; (三)教学过程中有道路交通安全违法行为或者造成交通事故的; (四)存在索取、收受学员财物,或者谋取其他利益等不良行为的; (五)未按照规定参加驾驶新知识、新技能再教育的; (六)违反本规定其他有关规定的。	第五十一条 违反本规定,机动车驾驶员培训教练员有下列情形之一的,由县级以上道路运输管理机构交通运输主管部门责令限期整改;逾期整改不合格的,予以通报批评: (一)未按照全国统一的教学大纲进行教学的; (二)填写《教学日志》,《培训记录》弄虚作假的; (三)教学过程中有道路交通安全违法行为或者造成交通事故的; (四)存在索取、收受学员财物,或者谋取其他利益等不良行为的; (五)未按照规定参加岗前培训或者驾驶新知识、新技能再教育的; (六)在教学过程中将教学车辆交给与教学无关人员驾驶的。 (六)违反本规定其他有关规定的。

附录2 2016年版、2022年版《机动车驾驶员培训管理规定》对照表

续上表

交通运输部令2016年第51号	交通运输部令2022年第32号
第六章 法律责任	**第六章 法律责任**
第五十二条 违反本规定,道路运输管理机构的工作人员,有下列情形之一的,依法给予行政处分;构成犯罪的,依法追究刑事责任: (一)不按规定的条件、程序和期限实施行政许可的; (二)参与或者变相参与机动车驾驶员培训业务的; (三)发现违法行为不及时查处的; (四)索取、收受他人财物,或者谋取其他利益的; (五)有其他违法违纪行为的。	第五十二条 违反本规定,道路运输管理机构 交通运输主管部门的工作人员,有下列情形之一的,依法给予行政处分;构成犯罪的,依法追究刑事责任: (一)不按规定的条件、程序和期限实施行政许可 为机动车驾驶员培训机构办理备案的; (二)参与或者变相参与机动车驾驶员培训业务的; (三)发现违法行为不及时查处的; (四)索取、收受他人财物,或者谋取其他利益的; (五)有其他违法违纪行为的。
第七章 附则	**第七章 附则**
第五十三条 外商在中华人民共和国境内申请以中外合资、中外合作、独资等形式经营机动车驾驶员培训业务的,应同时遵守《外商投资道路运输业管理规定》等相关法律、行政法规的规定。	第五十三条 外商在中华人民共和国境内申请以中外合资、中外合作、独资等形式经营机动车驾驶员培训业务的,应同时遵守《外商投资道路运输业管理规定》等相关法律、行政法规的规定。

续上表

交通运输部令 2016 年第 51 号 第七章　附则	交通运输部令 2022 年第 32 号 第七章　附则
第五十四条　机动车驾驶员培训许可证件等相关证件工本费收费标准由省级人民政府财政部门、价格主管部门会同同级交通运输主管部门核定。	第五十四条　机动车驾驶员培训许可证件等相关证件工本费收费标准由省级人民政府财政部门、价格主管部门会同同级交通运输主管部门核定。
第五十五条　本规定自 2006 年 4 月 1 日施行。1996 年 12 月 23 日发布的《中华人民共和国机动车驾驶员培训管理规定》(交通部令第 11 号)和 1995 年 7 月 3 日发布的《汽车驾驶员培训行业管理办法》(交公路发〔1995〕246 号)同时废止。	第五十五三条　本规定自 2022 年 11 月 1 日起施行。2006 年 1 月 12 日以交通部令 2006 年第 2 号公布的《机动车驾驶员培训管理规定》、2016 年 4 月 21 日以交通运输部令 2016 年第 51 号公布的《关于修改〈机动车驾驶员培训管理规定〉的决定》同时废止。2006 年 4 月 1 日施行。1996 年 12 月 23 日发布的《中华人民共和国机动车驾驶员培训管理规定》(交通部令第 11 号)和 1995 年 7 月 3 日发布的《汽车驾驶员培训行业管理办法》(交公路发〔1995〕246 号)同时废止。

附件(略)。

交通运输部办公厅关于做好《机动车驾驶员培训管理规定》贯彻实施工作的通知

(交办运〔2022〕66号)

各省、自治区、直辖市、新疆生产建设兵团交通运输厅(局、委):

为贯彻落实《国务院关于修改和废止部分行政法规的决定》(国务院令第752号)关于机动车驾驶培训许可调整为备案等部署要求,交通运输部修订颁布了《机动车驾驶员培训管理规定》(交通运输部令2022年第32号,以下简称《规定》),自2022年11月1日起施行。为做好《规定》贯彻实施工作,经交通运输部同意,现就有关事项通知如下:

一、充分认识《规定》实施的重要意义

机动车驾驶培训关乎人民群众学驾需求,关乎道路交通安全发展基础,是交通运输系统重要服务领域之一。修订《规定》是贯彻落实国务院关于深化"放管服"改革决策部署,适应当前驾驶培训市场发展新形势的重要举措,有利于激发市场主体活力、优化营商环境、推动提升机动车驾驶培训服务水平。《规定》明确了机动车驾驶培训备案管理要求,规范了备案管理流程,完善了事中事后监管措施,是规范和加强机动车驾驶培训管理,加快提升驾驶培训服务质量的重要依据和制度保障。各地交通运输主管部门要充分认识《规定》修订的重要意义,认真组织宣贯培训,抓好《规定》贯彻落实,切实转变管理方式,加强部门协同治理,推动机动车驾驶员培训机构(以下简称驾培机构)不断优化服务举措、规

范经营行为、提升培训质量,有力推动机动车驾驶培训行业高质量发展。

二、加快推进机动车驾驶培训备案制度实施

在《规定》施行之日前,机动车驾驶员培训许可证件仍在有效期内的驾培机构,可继续按原许可事项开展培训业务,暂无需进行备案。已获得道路运输从业资格培训业务许可的培训机构,在原许可证件有效期内还可以从事相应车型的普通机动车驾驶员培训业务。许可证件有效期内经营项目、培训能力、培训车型、机构名称、法定代表人、教练场地等原许可事项发生变更或者许可证件有效期届满后仍需从事机动车驾驶员培训业务的,应按照《规定》要求及时到所在地县级交通运输主管部门备案,并附《规定》要求的备案材料。已按照《交通运输部关于做好机动车驾驶员培训经营备案有关工作的通知》(交运函〔2021〕248号)相关要求备案的驾培机构,可继续按原备案事项开展培训业务。

自《规定》施行之日起,新从事机动车驾驶员培训经营的,应严格按照《规定》要求进行备案。各地交通运输主管部门要加快细化完善备案受理、备案服务、备案结果公开等工作流程和配套措施,做好备案编号归档,提高备案工作效率和便民利企服务水平。严禁要求提供《规定》限定以外的其他材料,严禁设置备案前置条件,严禁通过变相许可实施备案,严禁向驾培机构收取备案相关费用。要充分利用政府网站、微信公众号等渠道,及时向社会公布本辖区已备案和《规定》实施前已取得许可且仍在有效期内的驾培机构,以及已备案但未保持备案经营项目需具备的业务条件的驾培机构相关信息,并及时更新,同步抄送同级公安、市场监管等部门。

三、切实提升机动车驾驶培训服务质量

（一）强化质量信誉考核。各省级交通运输主管部门要按照《规定》要求，加快健全完善驾培机构质量信誉考核办法，制定学员满意度评价实施细则，定期组织开展驾培机构质量信誉考核工作，并向社会公布考核结果，引导学员选择质量信誉高、培训服务好的驾培机构，推动驾培机构依法培训、诚实守信、公平竞争、优质服务。

（二）强化培训质量管理。各地交通运输主管部门要切实履行机动车驾驶员培训质量监管职责，督促驾培机构落实驾驶培训主体责任，严格按照《机动车驾驶培训教学大纲》规定，认真落实培训内容、学时、培训里程等要求，确保教学培训质量。

（三）强化合同约束。各地交通运输主管部门要督促指导驾培机构与学员签订培训合同，明确培训内容、培训学时、收费标准、费用支付和争议解决等内容，并严格按照合同约定提供培训服务，切实保障学员合法权益。

四、进一步加强教练员全流程管理

（一）规范教练员聘用管理。各地交通运输主管部门要按照《规定》要求，督促指导驾培机构切实落实教练员管理主体责任，建立健全教练员聘用管理制度和教练员档案，规范教练员聘用要求，及时向交通运输主管部门报送教练员主要信息。

（二）加强教学质量管理。要健全完善教练员教学质量信誉考核办法，规范教练员教学行为，督促驾培机构组织教练员严格按照《机动车驾驶员培训机构培训服务规范》(JT/T 1099) 开展教学，定期开展教练员教学质量信誉考核，督促教练员不断提高教学质量。

(三)严格教学行为管理。要加强对驾培机构聘用教练员、教练员教学服务等情况的监督检查,对不按纲施训、培训记录造假、学员投诉反映较多、造成恶劣社会影响的教练员,依法依规严肃处理。

五、进一步加强监督检查和行业自律

各地交通运输主管部门要结合《规定》贯彻实施,进一步优化完善监管措施,健全信用管理制度,积极采取"双随机、一公开"等方式,强化事中事后监管,构建协同治理体系。要加强与公安、市场监管等部门的信息共享和协同联动,对未按规定备案、备案弄虚作假、未落实培训要求、伪造学时、扰乱市场、侵害学员合法权益等违规行为,组织开展联合监督检查,对异地培训、"黑驾校""黑练车点"等违法违规经营行为开展专项整治,切实维护机动车驾驶培训市场秩序,保障学员合法权益,推动机动车驾驶培训高质量发展。

各地交通运输主管部门要督促指导机动车驾驶员培训行业协会健全完善行业规范,通过行业自律公约等形式,加强行业诚信体系建设,规范驾培机构经营行为。要畅通12328交通运输服务监督热线、政府门户网站等渠道,广泛听取社会各界意见建议,及时协调解决群众反映的突出问题,积极营造公开透明、规范有序的市场环境。

(后略)。

交通运输部办公厅
2022年10月2日

附录4

交通运输部 公安部关于印发机动车驾驶培训教学与考试大纲的通知

(交运发〔2022〕36号)

各省、自治区、直辖市、新疆生产建设兵团交通运输厅(局、委),公安厅(局):

现将《机动车驾驶培训教学与考试大纲》印发给你们,自2022年4月1日起施行。2016年发布的《机动车驾驶培训教学与考试大纲》(交运发〔2016〕128号)同时废止。

交通运输部　公安部
2022年3月24日

机动车驾驶培训教学大纲

为了加强机动车驾驶培训管理工作,规范驾驶培训教学行为,提高驾驶培训质量,制定本大纲。

一、制定依据

根据《中华人民共和国道路交通安全法》及实施条例、《中华人民共和国道路运输条例》《机动车驾驶员培训管理规定》《机动车驾驶证申领和使用规定》等有关规定制定本大纲。

二、学时安排

1. 机动车驾驶培训教学的学时安排见下表:

学 时 安 排 表

车型 学时 内容	A1、B1	A2	A3	B2	C1	C2	C3	C4、D、E、F	C5	C6
总学时	78	88	114	118	62	58	50	38	60	30
道路交通安全法律、法规和相关知识	10	12	14	14	12	12	12	10	12	4
基础和场地驾驶	32	36	47	50	16	12	14	10	14	16
道路驾驶	20	22	33	32	24	24	16	10	24	4
安全文明驾驶常识	16	18	20	22	10	10	8	8	10	6

备注:每学时为60分钟。其中,有效教学时间不得低于45分钟。

2. 本大纲的学时为各车型基本学时要求(对于已持有机动车驾驶证,增加C1、C2、C3、C4、D、E、F准驾车型以及变更为C5准驾车型的,各省份可根据实际情况适当调整理论培训内容和学时要求,其中,"道路交通安全法律、法规和相关知识"不得低于 4 学时,"安全文明驾驶常识"不得低于 6 学时)。

3. 各省份可结合当地考试实际情况等增加培训内容,并相应调整学时。

4. 对每个学员理论培训时间每天不得超过 6 学时,实际操作培训时间每天不得超过 4 学时。

三、教学要求

1. 本大纲分为"道路交通安全法律、法规和相关知识""基础和场地驾驶""道路驾驶"和"安全文明驾驶常识"四部分内容。每部分内容培训结束后,应对学员的学习进行考核。"基础和场地驾驶""道路驾驶"两部分考核不合格的,由考核员提出增加复训的内容和学时建议。鼓励机动车驾驶员培训机构(以下简称驾培机构)聘用二级及以上教练员担任考核员。

2. "道路交通安全法律、法规和相关知识"和"安全文明驾驶常识"教学可采取多媒体教学、远程网络教学、交通安全体验等多种方式,倡导课堂教学与远程网络教学相结合。课堂教学不得低于 6 学时,其中,"道路交通安全法律、法规和相关知识"不得低于 4 学时,"安全文明驾驶常识"不得低于 2 学时。

3. "基础和场地驾驶"中"操纵装置的规范操作"和"起步前车辆检查与调整"教学内容,"道路驾驶"中"夜间驾驶""恶劣条件下的驾驶""山区道路驾驶""高速公路驾驶"等内容,可采用驾驶模拟设备教学,模拟教学学时不得超过 6 学时。

4. "安全文明驾驶常识"应与"道路驾驶"融合教学;"基础和场地驾驶"与"道路驾驶"可交叉训练。

四、其他

1. 驾培机构应根据本大纲制定教学计划,规范填写驾驶培训教学日志,倡导根据学员特点进行差异化教学。

2. 轮式专用机械车(M)、无轨电车(N)、有轨电车(P)三种准驾车型的培训教学大纲,由各省份根据需要和地方特点自行制定,并报交通运输部备案。

3. 各省份应当根据实际对各准驾车型培训里程做出相关要求,除 D、E、F 和 C6 外,其余准驾车型培训里程最低不得少于 260 公里。

4. 大型客货车驾驶员职业教育,参考本大纲,按有关规定另行制订人才培养方案。

五、培训教学大纲

第一部分　道路交通安全法律、法规和相关知识

教学目标:掌握法律、法规和规章中与道路交通安全有关的相关规定;掌握各类道路条件下的通行规则;掌握道路交通信号的含义和作用;掌握地方性法规的重点内容;了解机动车基本知识,掌握机动车主要仪表、指示灯和操纵装置、安全装置的基本知识。

教学项目	教学内容	教学目标	适用车型
1.法律、法规及道路交通信号	机动车驾驶证申领与使用	掌握机动车驾驶证申领与使用的相关规定	A1、A2、A3、B1、B2、C1、C2、C3、C4、C5、D、E、F

附录4 交通运输部 公安部关于印发机动车驾驶培训教学与考试大纲的通知

续上表

教学项目	教学内容	教学目标	适用车型
1.法律、法规及道路交通信号	道路交通信号	掌握道路交通信号灯、道路交通标志、道路交通标线、交通警察手势的含义和作用	A1、A2、A3、B1、B2、C1、C2、C3、C4、C5、C6、D、E、F
	道路通行规则	掌握各类道路条件下的通行规则; 掌握变更车道、跟车、超车与限制超车、会车、避让行人和非机动车、掉头与倒车、停车、高速公路通行等规定	
	驾驶行为	掌握法律法规中有关驾驶行为的规定和要求	
	交通违法行为及处罚	了解道路交通违法行为记分规定; 掌握交通安全违法行为情形和驾驶机动车的禁止行为; 掌握交通肇事罪和危险驾驶罪的含义; 了解交通事故责任承担原则及交通违法行为的处罚措施	A1、A2、A3、B1、B2、C1、C2、C3、C4、C5、D、E、F
	机动车登记和使用	了解机动车登记和使用的有关规定	
	交通事故处理	掌握道路交通事故快速处置方法,事故现场保护、事故报警与求助	

续上表

教学项目	教学内容	教学目标	适用车型
1.法律、法规及道路交通信号	道路货物运输从业资格证申领、从业及经营要求	掌握从业资格申请程序、条件、证件使用的相关规定； 掌握法律法规中有关从业行为的规定和要求； 掌握超限运输、货物装载有关要求； 熟知道路货物运输违法行为情形； 掌握道路货物运输驾驶员考核、继续教育的有关规定； 掌握道路货物运输驾驶员在运输经营、安全生产、应对恐怖事件等方面的权利和义务； 掌握货物运输经营的有关规定； 掌握大件运输相关规定； 了解道路危险货物运输的从业资格要求	A2、B2
	地方性法规	掌握地方性法规的重点内容	A1、A2、A3、B1、B2、C1、C2、C3、C4、C5、D、E、F

附录4 交通运输部 公安部关于印发机动车驾驶培训教学与考试大纲的通知

续上表

教学项目	教学内容	教 学 目 标	适用车型
2.机动车基本知识	车辆结构常识	了解车辆的基本构成及各组成部分的基本功能	A1、A2、A3、B1、B2、C1、C2、C3、C4、C5、C6、D、E、F
	车辆主要安全装置	掌握安全头枕、安全带、安全头盔、安全气囊、灯光、喇叭、后视镜、逃生出口、仪表、指示灯、报警灯、防抱死制动系统、儿童安全座椅等的作用; 掌握三角警告牌、灭火器等安全设备的作用	
	驾驶操纵装置的作用	掌握转向、加速、变速、行车制动和驻车制动等操纵装置的作用; 了解汽车辅助驾驶装置及功能	
		掌握离合器操纵装置的作用	A1、A2、A3、B1、B2、C1、C3、C4、D、E、F
	车辆性能	了解车辆性能与安全行车的关系	A1、A2、A3、B1、B2、C1、C2、C3、C4、C5、D、E、F
	车辆检查和维护	掌握车辆日常检查和维护的基本知识	
	车辆运行材料	了解轮胎、燃油、润滑油、冷却液、风窗玻璃清洗液等运行材料的使用常识	

续上表

教学项目	教学内容	教学目标	适用车型
2.机动车基本知识	道路货物运输车辆相关知识	了解道路货物运输车辆改装相关知识； 掌握道路货物运输车辆的安全防护装置知识； 了解轮胎使用寿命的影响因素； 熟知货车制动系统特点和使用要求； 熟知紧急切断阀、汽车尾板等专用装置的作用及使用要求	A2、B2
	新能源汽车使用知识	了解新能源汽车技术及使用常识	A1、A2、A3、B1、B2、C1、C2、C3、C4、C5
	客车制动与安全装置	熟知客车行车制动装置、缓速器、驻车制动装置及客车乘客门、应急（安全）出口、安全锤等的作用	A1、B1
	公交车制动与安全装置	熟知公交车行车制动装置、驻车制动装置及公交车乘客门、应急（安全）出口、安全锤等的作用	A3
	汽车列车制动系统、连接与分离装置	熟知汽车列车制动系统的结构特点及作用； 熟知汽车列车连接与分离装置的结构	A2、C6

附录4 交通运输部 公安部关于印发机动车驾驶培训教学与考试大纲的通知

续上表

教学项目	教学内容	教学目标	适用车型
3.道路货物运输相关知识	道路货物运输基本知识	了解货物运输的特点及分类； 了解货物运输车辆主要类型与技术特点； 熟知货物运输基本环节与运输质量要求； 掌握危险货物道路运输禁止、限定、豁免等相关知识； 掌握禁运物品查验要求； 了解货运合同与保险、保价相关知识	A2、B2
	货物装载知识	熟知货物装载质量、顺序及拼装配载要求； 掌握常见货物捆扎、固定等方法及货物包装储运图示标志； 掌握运输途中货物装载检查方法	
4.综合复习及考核	道路交通安全法律、法规和相关知识	掌握道路交通安全法律、法规、道路交通信号等相关知识； 掌握车辆的主要安全装置及作用	A1、A2、A3、B1、B2、C1、C2、C3、C4、C5、C6、D、E、F

第二部分 基础和场地驾驶

教学目标:掌握基础驾驶和场地驾驶理论知识;掌握基础的驾驶操作要领,具备对车辆控制的基本能力;掌握基础操作和场内驾驶的基本方法,具备合理使用车辆操纵机件、正确控制车辆运动空间位置的能力,能够准确地控制车辆的行驶位置、速度和路线。

教学项目	教学内容	教学目标	适用车型
1.基础驾驶	基础驾驶操作理论知识	掌握基础驾驶操作的要求及作用	A1、A2、A3、B1、B2、C1、C2、C3、C4、C5、C6、D、E、F
	驾驶姿势	掌握正确的驾驶姿势,规范使用安全带、安全头盔	
	操纵装置的规范操作	掌握转向装置、变速器操纵装置、驻车制动装置、行车制动装置、加速操纵装置的正确操作方法; 掌握灯光信号、喇叭及其他操纵装置的正确操作方法	
		掌握离合器操纵装置的正确操作方法	A1、A2、A3、B1、B2、C1、C3、C4、D、E、F
		掌握转向盘、制动和加速迁延控制手柄的正确操作方法; 掌握制动和加速迁延控制踏板的正确操作方法; 掌握灯光信号、喇叭及其他操纵装置的正确操作方法	C5
		掌握转向盘、转向盘控制辅助手柄、制动和加速迁延控制手柄、转向信号灯迁延开关的正确操作方法; 掌握驻车制动辅助手柄、灯光信号、喇叭及其他操纵装置的正确操作方法	C5

附录4 交通运输部 公安部关于印发机动车驾驶培训教学与考试大纲的通知

续上表

教学项目	教学内容	教学目标	适用车型
1.基础驾驶	操纵装置的规范操作	掌握转向盘、变速器操纵杆迁延控制装置或专用装置的正确操作方法； 掌握灯光信号、喇叭及其他操纵装置的正确操作方法	C5
	车辆安全检视	掌握出车前车辆外观、发动机舱的正确检视方法； 掌握行车中、收车后车辆安全检视的内容和方法	A1、A2、A3、B1、B2、C1、C2、C3、C4、C5、C6、D、E、F
	起步前车辆检查与调整	掌握调整座椅、头枕、后视镜，以及系、松安全带的正确方法； 掌握检查操纵装置、起动发动机、检查仪表、停熄发动机的正确方法	A3、B2、C1、C2、C3、C4、C5
		掌握调整后视镜的正确方法； 掌握佩戴安全头盔的正确方法； 掌握检查操纵装置、起动发动机、检查仪表、停熄发动机的正确方法	D、E、F
	牵引车与挂车的连接与分离	掌握牵引车与挂车的连接与分离的正确操作方法和注意事项	A2、C6
	轮胎更换	掌握车辆后轮外侧轮胎的拆卸、安装方法； 掌握千斤顶的使用方法	A2、B2

续上表

教学项目	教学内容	教学目标	适用车型
1.基础驾驶	上车、下车动作	掌握正确的上车、下车动作	A3、B2、C1、C2、C3、C4、D、E、F
	车上轮椅（拐杖）的放置	掌握轮椅（拐杖）的安全放置方法	C5
	上车前的观察	掌握上车前观察，确认安全的正确方法	A1、A2、A3、B1、B2、C1、C2、C3、C5、C6
	下车前的观察	掌握下车打开车门前观察，确认安全的正确方法	
	起步、停车	掌握起步、停车前观察后方、侧方交通情况，安全平稳起步、停车的正确操作方法	A1、A2、A3、B1、B2、C1、C2、C3、C4、C5、C6、D、E、F
	变速、换挡、倒车	掌握加速、减速、换挡和倒车的正确操作方法	
	行驶位置和路线	掌握根据道路情况合理控制车速，保持车辆沿正确位置和路线行驶的正确操作方法，养成良好的车感和空间感	
2.场地驾驶	场地驾驶理论知识	掌握速度控制、转向控制、空间位置对安全行车的影响	A1、A2、A3、B1、B2、C1、C2、C3、C4、C5、C6、D、E、F

附录4 交通运输部 公安部关于印发机动车驾驶培训教学与考试大纲的通知

续上表

教学项目	教学内容	教学目标	适用车型
2.场地驾驶	倒车入库	掌握参照地面目标,合理操纵车辆从两侧倒入和驶出车库的正确操作方法	C1、C2、C3、C5
	坡道定点停车和起步	掌握操纵车辆定点停车和坡道平稳起步的正确操作方法	A1、A2、A3、B1、B2、C1、C2、C3、C4、C5、D、E、F
	侧方停车	掌握操纵车辆顺向停入道路右侧车位(库)的正确操作方法	A1、A2、A3、B1、B2、C1、C2、C3、C5
	曲线行驶	掌握操纵转向盘,控制车辆进行曲线行驶的正确操作方法	A1、A2、A3、B1、B2
	直角转弯	掌握在急转弯路段正确操纵转向盘,准确判断内外轮差的方法	C1、C2、C3、C5、C6
	通过单边桥	掌握准确运用转向装置,正确判断车轮直线行驶轨迹,顺利通过单边桥的方法	A1、A2、A3、B1、B2、C4、D、E、F
	侧方移位、倒车进库	掌握准确判断车辆行驶空间位置,操纵车辆进行倒车进库、移位和出库的方法	A1、A2、A3、B1、B2、C6
	通过限宽门	掌握在一定车速下准确判断车身空间位置,顺利通过限宽门的正确操作方法	A1、A2、A3、B1、B2

129

续上表

教学项目	教学内容	教学目标	适用车型
2.场地驾驶	窄路掉头	掌握操纵车辆三进二退完成掉头的方法	A1、A2、A3、B1、B2
	模拟高速公路驾驶	掌握操纵车辆在模拟高速公路完成驶入(出)高速公路收费口、观察判断交通信号和交通状况、调整行车速度、匝道入主道、变更车道、驶离高速公路及应急停车的方法	
	模拟连续急弯山区路驾驶	掌握操纵车辆在模拟急弯山区路完成减速、鸣喇叭(非禁鸣区)、靠右行驶、通过弯道的方法	
	模拟隧道驾驶	掌握操纵车辆在模拟隧道根据交通信号完成减速、开启(关闭)灯光、鸣喇叭(非禁鸣区)、按规定车道行驶的方法	
	模拟雨(雾)天驾驶	掌握操纵车辆在模拟雨(雾)天气路段完成减速、选择刮水器挡位、开启灯光的方法	
	模拟湿滑路驾驶	掌握操纵车辆在模拟湿滑路完成减速、以低速挡匀速行驶的方法	
	模拟紧急情况处置	掌握操纵车辆模拟在紧急情况出现时,完成方向控制、制动、停车、开启危险报警闪光灯、摆放三角警告牌、撤离车内人员及报警的正确方法	

附录4　交通运输部 公安部关于印发机动车驾驶培训教学与考试大纲的通知

续上表

教学项目	教学内容	教 学 目 标	适用车型
2.场地驾驶	模拟城市街道驾驶	掌握通过人行横道、路口、学校区域、居民小区、公交车站、医院、商店、铁路道口等的驾驶要领	C1、C2、C5
	跟车行驶	掌握50km/h 或 70km/h 跟车行驶的方法	A3、B2、C1、C2、C5
	绕桩驾驶	掌握从起点绕桩前进驶出,再绕桩反向驶回的方法	C4、D、E、F
	停靠货台	掌握倒车尾靠货台、倒车侧靠货台、前进侧靠货台,准确停靠到位的方法	A2、B2
	停靠站台	掌握倒车侧靠站台、前进侧靠站台,准确停靠到位的方法	A1、A3、B1
	独立驾驶	能独立在场内安全驾驶车辆	A1、A2、A3、B1、B2、C1、C2、C3、C4、C5、C6、D、E、F
3.综合驾驶及考核	基础和场地驾驶	综合运用所学内容,熟练完成基础驾驶和场地驾驶	A1、A2、A3、B1、B2、C1、C2、C3、C4、C5、C6、D、E、F

第三部分　道路驾驶

教学目标:掌握道路驾驶时的安全行车相关知识;掌握一般道路和夜间驾驶方法,能够根据不同的道路交通状况安全驾驶;具备自觉遵守交通法规、有效处置随机交通状况、无意识合理操纵车辆的能力,做到安全、文明、谨慎驾驶。

教学项目	教学内容	教学目标	适用车型
1.跟车行驶	跟车距离和跟车速度控制	熟知跟车时合理控制跟车速度、保持跟车距离知识,掌握跟车行驶的安全驾驶方法	A1、A2、A3、B1、B2、C1、C2、C3、C4、C5、C6、D、E、F
2.变更车道	安全变更车道	熟知变更车道时观察、判断安全距离,控制行驶速度知识,掌握使用灯光信号、合理选择变更车道时机、平稳变更车道的安全驾驶方法	
3.靠边停车	顺位停车 S形倒车入位 L形倒车入位	熟知靠边停车时正确使用灯光信号,观察后方和两侧交通状况知识,掌握靠路边顺位停车、倒入路边车位(S形倒车入位)、倒入车库(L形倒车入位)的驾驶方法	A1、A2、A3、B1、B2、C1、C2、C3、C5、C6
4.掉头	安全掉头	熟知掉头时降低车速、观察交通状况知识,掌握正确选择掉头地点和时机、安全掉头的驾驶方法	A1、A2、A3、B1、B2、C1、C2、C3、C4、C5、C6、D、E、F
5.通过路口	直行通过路口	熟知路口合理观察交通状况知识,掌握减速或停车瞭望、直行通过路口的安全驾驶方法	
	路口左转弯、路口右转弯	熟知路口合理观察交通状况及视野盲区知识,掌握减速或停车瞭望、正确使用灯光信号,左、右转弯通过路口的安全驾驶方法	
6.通过人行横道	安全通过人行横道	熟知在人行横道前观察两侧交通状况、提前减速、礼让行人知识,掌握安全通过的驾驶方法	
7.通过学校区域	安全通过学校区域	熟知通过学校区域时提前减速观察,文明礼让、避让学生和校车知识,掌握安全通过的驾驶方法	

续上表

教学项目	教学内容	教学目标	适用车型
8.通过公共汽车站	安全通过公共汽车站	熟知通过公共汽车站提前减速,观察公共汽车进、出站动态和上下车乘客动态及预防行人横穿道路知识,掌握安全通过的驾驶方法	A1、A2、A3、B1、B2、C1、C2、C3、C4、C5、C6、D、E、F
9.会车	安全会车	熟知正确判断会车地点、会车时机及与对方车辆保持安全间距知识,掌握安全会车驾驶方法	
10.超车	安全超车	熟知超车前观察被超越车辆动态,合理选择超车时机,超车中保持与被超越车辆安全间距和超车后驶回原车道知识,掌握安全超车驾驶方法	
11.夜间驾驶	正确使用灯光与夜间安全驾驶	熟知夜间起步、会车、超车、通过急弯、通过坡路、通过拱桥、通过人行横道或者在没有交通信号灯控制的路口正确使用灯光知识,掌握夜间安全驾驶方法	A1、A2、A3、B1、B2、C1、C2、C3、C4、C5、D、E、F
12.恶劣条件下的驾驶	恶劣条件下的安全驾驶	熟知雨天、雾(霾)天、冰雪路面、泥泞道路、涉水等恶劣条件下的安全驾驶要领和方法	
13.山区道路驾驶	山区道路安全驾驶	熟知山区道路的安全驾驶要领和方法	
14.高速公路驾驶	模拟高速公路安全驾驶	熟知高速公路的安全驾驶要领和方法	A1、A2、A3、B1、B2、C1、C2、C3、C5

续上表

教学项目	教学内容	教学目标	适用车型
15.行驶路线选择	自行选择行驶路线的安全驾驶	能够按照自行选择的行驶路线安全驾驶	A1、A2、A3、B1、B2、C1、C2、C3、C4、C5、C6、D、E、F
16.综合驾驶及考核	道路安全驾驶	综合运用所学内容,能够在道路上安全驾驶	A1、A2、A3、B1、B2、C1、C2、C3、C4、C5、C6、D、E、F

第四部分 安全文明驾驶常识

教学目标:掌握各种道路条件、气象环境下的安全文明驾驶知识;掌握正确辨识各类道路交通信号的知识;掌握危险源辨识与防御性驾驶知识;掌握紧急情况下的临危处置知识;掌握发生交通事故后的现场处置方法;熟知伤员自救常识;了解常见危险化学品名称、特性等常识;正确分析各类典型事故案例。

教学项目	教学内容	教学目标	适用车型
1.安全、文明驾驶知识	安全驾驶生理心理状态	掌握酒精、毒品、药物及疲劳驾驶、不集中注意力、不良情绪等不良生理心理状态对安全驾驶的危害、影响及相应预防知识,养成自觉杜绝违法驾驶行为和避免在不良生理心理状态下驾驶的习惯	A1、A2、A3、B1、B2、C1、C2、C3、C4、C5、C6、D、E、F
		掌握道路货物运输驾驶员的职业道德要求; 了解道路货物运输驾驶员心理健康与调节知识; 了解道路货物运输驾驶员生理健康与职业病预防知识; 了解道路货物运输驾驶员反应时间对安全驾驶的影响	A2、B2

续上表

教学项目	教学内容	教学目标	适用车型
1.安全、文明驾驶知识	安全驾驶	掌握车辆安全检查与调整方法,养成行车前对车辆进行安全检查与调整的驾驶习惯; 掌握车内安全装置的正确使用方法,熟知乘车人的安全保护方法,养成规范使用安全带、安全头盔、安全头枕、儿童安全座椅等主要安全装置的习惯; 掌握起步、汇入车流、跟车行驶、变更车道、会车、超车、让超车、停车和开车门、掉头、倒车及通过弯道、路口、人行横道、学校区域、居民小区、医院、公交车站、停车场(库)、城乡接合部的安全驾驶方法,养成安全行车的驾驶习惯; 掌握与大型车辆共行的相关知识	A1、A2、A3、B1、B2、C1、C2、C3、C4、C5、C6、D、E、F
	文明礼让	了解汽车语言和驾驶人手势的含义; 掌握让行规则,培养安全礼让行人(尤其儿童)、非机动车和其他车辆(尤其校车)等其他交通参与者的道德意识,杜绝常见违法行为和不文明行为,养成文明礼让的驾驶习惯	
	常见道路交通信号辨识	能正确辨识交通信号灯、交通标志、交通标线和交通警察手势等,养成自觉遵守道路交通信号的驾驶习惯	

续上表

教学项目	教学内容	教学目标	适用车型
2.危险源辨识与防御性驾驶知识	险情预测与分析及防御性驾驶	掌握危险源辨识基本知识，养成提前预判风险的习惯； 掌握动视力、行车视距、视野盲区和内轮差对安全行车的影响； 掌握跟车、会车、超车、变更车道、转弯、倒车、掉头等不同行驶状态下驾驶险情的预测与分析及防御性驾驶方法； 掌握山区道路、桥梁、隧道等典型道路环境下驾驶险情的预测与分析及防御性驾驶方法； 掌握雨天、雪天、雾（霾）天、风沙等恶劣气象条件下驾驶险情的预测与分析及防御性驾驶方法； 掌握高速公路驾驶险情的预测与分析及防御性驾驶方法； 掌握夜间驾驶险情的预测与分析及防御性驾驶方法	A1、A2、A3、B1、B2、C1、C2、C3、C4、C5、C6、D、E、F
3.夜间和高速公路安全驾驶知识	夜间驾驶	掌握夜间正确使用灯光、路面的识别与判断、会车、跟车、超车、让超车及通过交叉路口、人行横道、坡道、弯道的安全驾驶方法； 掌握夜间车辆发生故障时的处置方法	A1、A2、A3、B1、B2、C1、C2、C3、C4、C5、C6、D、E、F
	高速公路驾驶	掌握驶入驶出高速公路收费口、通过匝道、汇入车流、加速车道行驶、行车道的选择、变更车道、跟车、速度控制、通过隧道、通过桥梁、减速车道行驶、驶离高速公路的安全驾驶方法	

续上表

教学项目	教学内容	教学目标	适用车型
4.恶劣气象和复杂道路条件下的安全驾驶知识	雨天驾驶	掌握雨天正确使用灯光和刮水器、选择行驶路面、控制行驶速度、跟车、会车、制动、停车的安全驾驶方法	A1、A2、A3、B1、B2、C1、C2、C3、C4、C5、C6、D、E、F
	冰雪道路驾驶	掌握雪天正确使用灯光、选择行驶路面、控制行驶速度、跟车、会车、制动、停车的安全驾驶方法；掌握结冰路面安全驾驶方法及防滑链的使用知识	
	雾（霾）天驾驶	掌握雾（霾）天正确使用灯光、选择行驶路面、控制行驶速度、跟车、会车、制动、停车的安全驾驶方法	
	大风、沙尘天气驾驶	掌握大风、沙尘天气正确使用灯光、选择行驶路面、控制行驶速度、跟车、会车、制动、停车的安全驾驶方法	
	泥泞道路驾驶	掌握泥泞道路的路面选择、速度控制、方向控制方法；了解侧滑、驱动轮空转的处置方法	
	涉水驾驶	熟知通过漫水桥、漫水路、城市内涝及其他涉水情况的安全驾驶方法	
	施工道路驾驶	掌握通过施工路段的安全驾驶方法	
	通过铁路道口	掌握通过铁路道口的安全驾驶方法	
	山区道路驾驶	掌握山区道路跟车、超车、会车、停车、坡道和弯道行驶的安全驾驶方法	
	通过桥梁	掌握通过立交桥、公路跨线桥、山区跨涧公路大桥及跨江、河、海大桥及简易桥梁的安全驾驶方法	

续上表

教学项目	教学内容	教学目标	适用车型
4.恶劣气象和复杂道路条件下的安全驾驶知识	通过隧道	熟知通过隧道的明暗适应知识； 掌握通过隧道时正确使用灯光、控制速度的方法及隧道行车禁止行为； 掌握防范隧道事故的方法； 熟知隧道内安全设施的标志及使用方法； 掌握隧道中发生事故后应急处置、逃生原则与方法	A1、A2、A3、B1、B2、C1、C2、C3、C4、C5、C6、D、E、F
5.紧急情况应急处置知识	紧急情况临危处置	掌握紧急情况临危处置原则； 熟知车辆轮胎漏气、突然爆胎、转向突然失控、制动突然失效、发动机突然熄火或断电、侧滑、碰撞、连续倾翻、着火、落水、紧急情况停车、突然出现障碍物、行人及动物突然横穿、遇险时处置及对乘员的保护等临危应急处置方法； 掌握灭火器、安全锤、三角警告牌等的正确使用方法	A1、A2、A3、B1、B2、C1、C2、C3、C4、C5、C6、D、E、F
		掌握发生火灾、爆炸等情况的应急处置方法； 掌握突遇自然灾害的应急处置方法	A2、B2
	高速公路驾驶紧急避险	掌握高速公路紧急避险的原则； 熟知高速公路行驶发生"水滑"、雾(霾)天遇事故、意外碰撞护栏、遇到横风、紧急情况停车的应急避险方法； 了解高速公路避险车道使用知识	A1、A2、A3、B1、B2、C1、C2、C3、C4、C5、C6、D、E、F

续上表

教学项目	教学内容	教学目标	适用车型
5.紧急情况应急处置知识	发生交通事故后的处置	掌握交通事故逃生、现场处置原则和次生事故防范方法; 掌握装载常见危险化学品的车辆发生事故后的处置与个人防护; 熟知伤员急救原则及昏迷不醒、失血、烧伤、中毒、骨折伤员自救、急救的基本要求和方法; 了解常用的伤员止血方法	A1、A2、A3、B1、B2、C1、C2、C3、C4、C5、C6、D、E、F
6.危险化学品知识	常见危险化学品知识	了解常见危险化学品和放射性物品的种类、危害及运输中特殊情况的处理原则	A1、A2、A3、B1、B2
7.典型事故案例分析	违法行为综合判断与案例分析	能够正确分析道路交通典型事故案例,判断事故中存在的违法行为及事故发生的主要原因	A1、A2、A3、B1、B2、C1、C2、C3、C4、C5、C6、D、E、F
8.综合复习及考核	安全文明驾驶知识	掌握实际驾驶中的安全文明驾驶常识	A1、A2、A3、B1、B2、C1、C2、C3、C4、C5、C6、D、E、F

六、教学日志

驾驶培训教学日志(样式)

车　　型：××
基本学时：××

| 驾培机构名称：××××× | 学员姓名：××× | 学员编号：×××× |

| 道路交通安全法律、法规和相关知识 基本学时：×× | 教学项目：1.法律、法规及道路交通信号；2.机动车基本知识；3.道路货物运输相关知识(仅 A2、B2 车型)；4.综合复习及考核 |

次数/日期(月/日)	1 /	2 /	3 /	4 /	5 /	6 /	7 /	8 /	9 /	…… /
教学项目序号										
学时										
学员签字										
教练员评价及签字										

考　　核			
次数/考核日期	1/ 月 日	2/ 月 日	……/ 月 日
考核意见	□合格 □不合格 建议：	□合格 □不合格 建议：	□合格 □不合格 建议：
考核员签字			

附录4 交通运输部 公安部关于印发机动车驾驶培训教学与考试大纲的通知

基础和场地驾驶	教学项目：1. 基础驾驶；2. 场地驾驶；
基本学时：××	3. 综合驾驶及考核。

次数/日期(月/日)	1 /	2 /	3 /	4 /	5 /	6 /	7 /	8 /	9 /	10 /
教学项目序号										
学时										
学员签字										
教练员评价及签字										
次数/日期(月/日)	11 /	12 /	13 /	14 /	15 /	16 /	17 /	18 /	19 /	…… /
教学项目序号										
学时										
学员签字										
教练员评价及签字										

考　　核			
次数/考核日期	1/ 月 日	2/ 月 日	……/ 月 日
考核意见	□合格 □不合格 建议：	□合格 □不合格 建议：	□合格 □不合格 建议：
考核员签字			

增加培训学时					
次数	日期(月/日)	教学内容	所用学时	学员签字	教练员评价及签字
1	/				
2	/				
……	/				

道路驾驶
基本学时：××

教学项目：1.跟车行驶；2.变更车道；3.靠边停车；4.掉头……

次数/日期(月/日)	1 /	2 /	3 /	4 /	5 /	6 /	7 /	8 /	9 /	10 /
教学项目序号										
学时										
学员签字										
教练员评价及签字										
次数/日期(月/日)	11 /	12 /	13 /	14 /	15 /	16 /	17 /	18 /	19 /	…… /
教学项目序号										
学时										
学员签字										
教练员评价及签字										

	考　核		
次数/考核日期	1/ 月 日	2/ 月 日	……/ 月 日
考核意见	□合格 □不合格 建议：	□合格 □不合格 建议：	□合格 □不合格 建议：
考核员签字			

		增加培训学时			
次数	日期(月/日)	教学内容	所用学时	学员签字	教练员评价及签字
1	/				
……	/				

附录4 交通运输部 公安部关于印发机动车驾驶培训教学与考试大纲的通知

安全文明驾驶常识 基本学时：××	教学项目：1. 安全、文明驾驶知识；2. 危险源辨识与防御性驾驶知识……

次数/ 日期(月/日)	1 /	2 /	3 /	4 /	5 /	6 /	7 /	8 /	9 /	…… /
教学项目序号										
学时										
学员签字										
教练员评价及签字										

考　核			
次数/ 考核日期	1/ 月 日	2/ 月 日	……/ 月 日
考核意见	□合格 □不合格 建议：	□合格 □不合格 建议：	□合格 □不合格 建议：
考核员签字			

结 业 意 见			
学员姓名		身份证号	
驾培机构 审核盖章	该学员各部分考核均合格，准予结业。 （驾培机构章） 年　月　日		

驾驶培训电子教学日志(样式)

驾培机构名称:××××	学员姓名:×××	车型:××
××	学员编号:××××	

××××(如道路驾驶)	教学项目:××××××××××
基本学时:××	×××××××××××××××× ×××。

培训日期	×××年×月×日	训练照片1	训练照片2
培训时段	hh:mm – hh:mm(24小时制)		
教练员	×××		
教练车号牌	××××学	总累计学时	×××× (单位:min)
本次培训教学项目	××××××××××	法律法规和相关知识累计学时	×××× (单位:min)
本次培训学时	×××× (单位:min)	基础和场地驾驶累计学时	×××× (单位:min)
本次培训行驶里程	×××× (单位:km)	道路驾驶累计学时	×××× (单位:min)
本次培训平均速度	×××× (单位:km/h)	安全文明驾驶常识累计学时	×××× (单位:min)
教练员评价			
教练员签字		学员签字	

备注:1. 本表中所列为电子教学日志中必备内容,驾培机构可根据此表样式,结合计时培训管理需求,自行设计使用此日志。

2. 电子教学日志与纸质教学日志具有同等效力。

机动车驾驶人考试大纲

为规范机动车驾驶人考试工作,明确考试内容,提高考试科学水平,制定本大纲。

一、制定依据

根据《中华人民共和国道路交通安全法》及其实施条例、《机动车驾驶证申领和使用规定》《机动车登记规定》《道路交通安全违法行为处理程序规定》《道路交通事故处理程序规定》《道路交通安全违法行为记分管理办法》等有关规定制定。

二、考试目标

根据规定,符合国务院公安部门规定的驾驶许可条件的人员,可申请参加机动车驾驶人考试。机动车驾驶人考试执行全国统一的考试内容和合格标准,考核应考人员是否了解和掌握道路交通安全法律法规知识、安全文明驾驶常识和驾驶技能,是否具备驾驶规则意识、安全意识和文明意识。对通过规定科目考试的人员,公安机关交通管理部门核发机动车驾驶证。

三、考试内容

1. 本大纲分为"科目一 道路交通安全法律、法规和相关知识考试""科目二 场地驾驶技能考试""科目三 道路驾驶技能和安全文明驾驶常识考试"。

2. "科目一 道路交通安全法律、法规和相关知识考试"内容包括驾驶证和机动车管理规定、道路通行条件及通行规定、道路交通安全违法行为及处罚、道路交通事故处理相关规定、机动车基础知识以及其他道路交通安全法律、法规和规章等六部分内容。

3."科目二　场地驾驶技能考试"内容和"科目三　道路驾驶技能考试"内容按照《机动车驾驶证申领和使用规定》中关于不同准驾车型规定的相应考试项目进行设置。

4."科目三　安全文明驾驶常识考试"内容包括安全行车常识、文明行车常识、道路交通信号在交通场景中的综合应用、恶劣气象和复杂道路条件下安全驾驶知识、紧急情况下避险常识、防范次生事故处置与伤员急救知识、典型事故案例分析以及地方试题等八部分内容。

四、考试要求

1.对考试内容的考核要求按照由低到高分为三个层次,分别是"了解""熟知"和"掌握",高一层次的考试要求包括低一层次的考试要求。

——了解,要求应考人员清楚考点的概念、作用,能够在简单交通环境中进行识别和应用。

——熟知,要求应考人员全面了解考点知识,能够理解知识要点内涵,清楚操作要领,并能够分析、解释原因。

——掌握,要求应考人员能够深入理解考点知识、技能及有关原理,能够在复杂交通环境中综合运用相关知识,熟练驾驶车辆。

2.考试大纲科目一考试和科目三安全文明驾驶常识考试的考试要点分为通用考试要点和专用考试要点。通用考试要点适用于所有准驾车型考试。专用考试要点适用于大型客车、重型牵引挂车、城市公交车、中型客车、大型货车准驾车型考试,大纲考试要点中带有"※"符号的为专用考试要点。

3.轮式专用机械车(M)、无轨电车(N)、有轨电车(P)三种准驾车型的考试大纲,由各省级公安机关交通管理部门根据需要和地方特点自行制定,并报公安部交通管理局备案。

五、考试要点

科目一　道路交通安全法律、法规和相关知识考试

考试项目	考试内容	考试要点	考试目标
1.驾驶证和机动车管理规定	驾驶证申领和使用	机动车驾驶许可； 准驾车型和机动车驾驶证有效期； 机动车驾驶证申请条件； 驾驶人考试内容和合格标准； 学习驾驶证明使用规定； 驾驶证实习期； 有效期满、转入、变更换证； 驾驶证遗失补证； 驾驶证审验； 驾驶证注销情形； 驾驶证电子版申领和使用； 违规申领、考试、审验的法律责任； 申请增加准驾车型的条件； 大中型客货车驾驶证日常管理要求※	考核是否掌握驾驶证申领和使用相关知识；是否了解交通违法记分管理制度；是否了解机动车登记和使用的相关知识
	交通违法行为记分管理	记分分值； 记分执行； 满分处理； 记分减免； 法律责任	

续上表

考试项目	考试内容	考试要点	考试目标
1.驾驶证和机动车管理规定	机动车登记和使用	机动车注册、变更、转移、抵押、注销登记；机动车登记证书、号牌、行驶证灭失、丢失或损毁；机动车上路行驶条件；机动车安全技术检验；机动车交通事故责任强制保险；机动车强制报废※	考核是否掌握驾驶证申领和使用相关知识；是否了解交通违法记分管理制度；是否了解机动车登记和使用的相关知识
2.道路通行条件及通行规定	道路交通信号	道路交通信号灯的分类、含义、识别和作用；道路交通标志的分类、含义、识别和作用；道路交通标线的分类、含义、识别和作用；交通警察指挥手势的分类、含义、识别和作用	考核是否掌握道路通行条件以及道路通行规定相关知识
	道路通行规定	右侧通行；灯光、喇叭的使用；有划分车道、无划分车道的道路通行；超车规定；跟车距离的保持要求；交叉路口通行；	

续上表

考试项目	考试内容	考试要点	考试目标
2.道路通行条件及通行规定	道路通行规定	变更车道规定； 限速通行； 会车规定； 掉头规定； 倒车规定； 铁路道口及渡口通行； 缓行、拥堵路段或路口通行； 漫水路、漫水桥通行； 避让行人和非机动车； 避让执行紧急任务的特种车辆、道路养护作业车辆； 遇校车通行规定； 专用车道的使用要求； 载物规定； 载人规定； 驾驶机动车禁止行为； 停车规定； 牵引挂车规定； 故障处置； 牵引故障机动车	考核是否掌握道路通行条件以及道路通行规定相关知识
	高速公路通行特殊规定	高速公路禁行要求； 高速公路限速规定； 进出高速公路； 跟车距离要求； 低能见度等恶劣环境下的通行规定； 应急车道使用规定； 高速公路禁止行为； 高速公路机动车故障处置	

续上表

考试项目	考试内容	考试要点	考试目标
3.道路交通安全违法行为及处罚	道路交通安全违法行政强制措施	扣留机动车的情形；扣留机动车驾驶证的情形；拖移机动车的情形；强制检验体内违禁饮(用)品含量的情形	考核是否掌握涉及道路交通安全的违法行为；是否了解相关行政强制措施、行政处罚、刑事处罚的知识
	道路交通安全违法行政处罚	道路交通安全违法的行政处罚种类；违反道路通行规定的处罚；饮酒、醉酒驾车的处罚；涉及登记证书、号牌、证件、标志违法的处罚；未投保交强险的处罚；违法停车的处罚；超速、疲劳驾驶、分心驾驶等其他违法行为的处罚；超载、超员的处罚※	
	道路交通安全违法刑事处罚	交通肇事罪；危险驾驶罪；伪造、变造、买卖驾驶证；使用伪造、变造的或者盗用他人驾驶证；其他涉牌涉证、涉考涉驾等犯罪行为的刑事处罚	

附录4 交通运输部 公安部关于印发机动车驾驶培训教学与考试大纲的通知

续上表

考试项目	考试内容	考试要点	考试目标
4.道路交通事故处理相关规定	道路交通事故处理	事故报警； 事故现场处置； 高速公路事故现场处置； 自行协商、简易程序； 事故现场的强制撤离	考核是否掌握道路交通事故处理的相关知识
5.机动车基础知识	车辆结构与车辆性能常识	车辆的基本构成； 车辆制动性、通过性对行车安全影响的相关知识； 新能源汽车基础知识； 车辆轮胎、燃油、润滑油、冷却液、风窗玻璃清洗液等运行材料的作用和使用要求※	考核是否了解车辆基本构成和车辆性能常识；是否了解机动车主要仪表、指示灯、报警灯的作用；是否掌握常见操纵装置、安全装置作用及使用要求等知识；是否熟知大中型客货车制动系统及安全装置相关知识
	常见操纵装置	转向盘的作用； 机动车踏板的分类和作用； 变速器操纵杆的作用； 驻车制动器的作用； 各类开关的辨识和作用； 辅助驾驶功能	
	常见安全装置	仪表、指示灯、报警灯的辨识和作用； 安全头枕的作用及使用要求； 安全带的作用及使用要求； 安全气囊的作用及使用要求； 儿童安全座椅的作用及使用要求； 防抱死制动装置等其他常见安全装置的作用	

续上表

考试项目	考试内容	考试要点	考试目标
5.机动车基础知识	大中型客货车制动系统及安全装置※	客车、城市公交车行车制动装置、辅助制动装置、驻车制动装置的作用和使用要求； 客车、城市公交车车门、应急(安全)出口、安全锤、灭火器等安全装置的使用要求； 货车制动系统的特点和使用要求； 汽车列车连接与分离装置的使用要求； 紧急切断阀、汽车尾板等专用装置的作用和使用要求	考核是否了解车辆基本构成和车辆性能常识；是否了解机动车主要仪表、指示灯、报警灯的作用；是否掌握常见操纵装置、安全装置作用及使用要求等知识；是否熟知大中型客货车制动系统及安全装置相关知识
6.地方性法规	根据地方性法规选定的重点内容		考核地方性法规的重点内容

科目二　场地驾驶技能考试

考试项目	考试要点	考试车型	考试目标
1. 桩考	正确判断车身行驶空间位置,在规定时间内操控车辆完成倒车或前进通过空间限位障碍	A1、A2、A3、B1、B2、C4、C6、D、E、F	考核是否掌握车辆机件操纵方法;是否具备正确控制车辆运动空间位置的能力以及准确地控制车辆的行驶位置、速度和路线的能力
2. 倒车入库	准确判断车身位置,在规定时间内参照地面标线操纵车辆从两侧正确倒入和驶出车库	C1、C2、C3、C5	
3. 坡道定点停车和起步	准确控制停车位置,协调运用加速踏板、驻车制动器和离合器,平稳起步	A1、A2、A3、B1、B2、C1、C3、C4、D、E、F	
4. 侧方停车	在规定时间内正确操纵车辆顺向准确停入道路右侧车位	A1、A2、A3、B1、B2、C1、C2、C3、C5	
5. 通过单边桥	在行驶中操纵转向装置,控制车轮保持直线行驶,通过单边桥	A1、A2、A3、B1、B2、C4、D、E、F	
6. 曲线行驶	在行驶中操纵转向装置,准确判断车轮位置,控制车辆曲线行驶	A1、A2、A3、B1、B2、C1、C2、C3、C5、C6	
7. 直角转弯	在行驶中操纵转向装置,控制内轮差通过转弯区域	A1、A2、A3、B1、B2、C1、C2、C3、C5、C6	

续上表

考试项目	考试要点	考试车型	考试目标
8. 通过限宽门	在行驶中准确判断车身空间位置,控制车辆以一定车速通过限宽门	A1、A2、A3、B1、B2	考核是否掌握车辆机件操纵方法;是否具备正确控制车辆运动空间位置的能力以及准确地控制车辆的行驶位置、速度和路线的能力
9. 窄路掉头	在规定时间内不超过三进二退掉头后靠右停车	A1、A2、A3、B1、B2	
10. 模拟高速公路驾驶	驶入驶出高速公路、观察判断交通信号和交通状况、合理选择行车道、调整行车速度、遵守行车规定以及高速公路应急停车	A1、A2、A3、B1、B2	
11. 模拟连续急弯山区路驾驶	通过模拟急弯山区路能够做到减速、鸣喇叭、靠右行,控制车辆在本方车道内行驶	A1、A2、A3、B1、B2	
12. 模拟隧道驾驶	进入隧道前根据交通信号,完成减速、开灯、鸣喇叭(非禁鸣情况下)操作,驶出隧道前鸣喇叭,驶出隧道后关闭前照灯	A1、A2、A3、B1、B2	
13. 模拟雨(雾)天驾驶	在模拟雨雾天气中完成减速、选择刮水器挡位、开启灯光等操作	A1、A2、A3、B1、B2	
14. 模拟湿滑路驾驶	在模拟湿滑路中正确操控车辆,使用低速挡平稳通过	A1、A2、A3、B1、B2	
15. 模拟紧急情况处置	在模拟紧急情况出现时,合理完成制动、停车、开启危险报警闪光灯、正确摆放警告标志、撤离车内人员、报警等操作	A1、A2、A3、B1、B2	

续上表

考试项目	考试要点	考试车型	考试目标
16. 省级公安机关交通管理部门增加的考试内容	省级公安机关交通管理部门可以根据实际增加考试内容，并确定轮式专用机械车、无轨电车、有轨电车的考试内容	A1、A2、A3、B1、B2、C1、C2、C3、C5、M、N、P	考核是否掌握车辆机件操纵方法；是否具备正确控制车辆运动空间位置的能力以及准确地控制车辆的行驶位置、速度和路线的能力

科目三 道路驾驶技能考试

考试项目	考试要点	考试车型	考试目标
1. 上车准备	上车前观察车辆周围及车底是否存在安全隐患，检查轮胎及车辆外观，车牌和后视镜有无污损、遮挡，确认安全，上车动作规范	A1、A2、A3、B1、B2、C1、C2、C3、C5	考核是否掌握道路上的安全驾驶方法；是否具备准确判断不同道路情景中的潜在危险以及正确有效处置随机出现的交通状况的能力；是否具备无意识合理操纵车辆的能力；是否具备安全、谨慎驾驶意识
2. 起步	起步前调整和检查车内设施，系安全带，正确使用转向灯，观察后方、侧方交通情况，起步过程规范、平稳	A1、A2、A3、B1、B2、C1、C2、C3、C5	
3. 直线行驶	根据道路情况合理控制车速、车距，正确使用挡位，保持直线行驶	A1、A2、A3、B1、B2、C1、C2、C3、C5	

续上表

考试项目	考试要点	考试车型	考试目标
4.加减挡位操作	根据道路交通状况和车速，合理加减挡，换挡及时、平顺	A1、A2、A3、B1、B2、C1、C2、C3、C5	考核是否掌握道路上的安全驾驶方法；是否具备准确判断不同道路情景中的潜在危险以及正确有效处置随机出现的交通状况的能力；是否具备无意识合理操纵车辆的能力；是否具备安全、谨慎驾驶意识
5.变更车道	变更车道过程中正确使用转向灯，观察、判断侧后方交通情况，保持车辆安全间距，控制行驶速度，合理选择变道时机，变道过程平顺	A1、A2、A3、B1、B2、C1、C2、C3、C5	
6.靠边停车	观察后方和右侧的交通情况，提前开启转向灯，减速向右、平稳停车	A1、A2、A3、B1、B2、C1、C2、C3、C5	
7.直行通过路口	观察路口交通情况，减速或停车瞭望，直行安全通过路口	A1、A2、A3、B1、B2、C1、C2、C3、C5	
8.路口左转弯	观察路口交通情况，提前开启转向灯，驶入相应车道，减速或停车瞭望，偏头查看左前车窗立柱盲区，左转弯安全通过路口	A1、A2、A3、B1、B2、C1、C2、C3、C5	
9.路口右转弯	观察路口交通情况，提前开启转向灯，驶入相应车道，减速或停车瞭望，观察右侧内轮差行驶区域，右转弯安全通过路口	A1、A2、A3、B1、B2、C1、C2、C3、C5	
10.通过人行横道	提前减速，观察两侧交通情况，确认安全后，合理控制车速通过，遇行人停车让行	A1、A2、A3、B1、B2、C1、C2、C3、C5	

续上表

考试项目	考试要点	考试车型	考试目标
11.通过学校区域	提前减速观察交通情况,文明礼让,确保安全通过,遇有学生横过马路时应停车让行	A1、A2、A3、B1、B2、C1、C2、C3、C5	考核是否掌握道路上的安全驾驶方法;是否具备准确判断不同道路情景中的潜在危险以及正确有效处置随机出现的交通状况的能力;是否具备无意识合理操纵车辆的能力;是否具备安全、谨慎驾驶意识
12.通过公共汽车站	提前减速,观察公共汽车进、出站动态和乘客上下车动态,着重注意同向公共汽车前方或对向公共汽车后方有无行人横穿道路	A1、A2、A3、B1、B2、C1、C2、C3、C5	
13.会车	正确判断会车地点,与对方车辆保持安全间距,注意对方车辆后方交通情况,按照让行要求会车	A1、A2、A3、B1、B2、C1、C2、C3、C5	
14.超车	正确判断超车条件,保持与被超越车辆的安全跟车距离,观察后方以及左前方交通情况,选择合理时机,正确使用灯光,从被超越车辆的左侧超越。超越后,在不影响被超越车辆正常行驶的情况下,逐渐驶回原车道	A1、A2、A3、B1、B2、C1、C2、C3、C5	
15.掉头	降低车速,观察交通情况,正确选择掉头地点和时机,发出掉头信号后掉头;掉头时不妨碍其他车辆和行人的正常通行	A1、A2、A3、B1、B2、C1、C2、C3、C5	
16.夜间行驶	行驶中根据各种照明、天气、道路和车流情况正确使用灯光	A1、A2、A3、B1、B2、C1、C2、C3、C5	

续上表

考试项目	考试要点	考试车型	考试目标
17.省级公安机关交通管理部门确定的考试内容	除大型客车、重型牵引挂车、城市公交车、中型客车、大型货车、小型汽车、小型自动挡汽车、低速载货汽车和残疾人专用小型自动挡载客汽车外的其他准驾车型考试内容	C4、D、E、F、M、N、P	考核是否掌握道路上的安全驾驶方法;是否具备准确判断不同道路情景中的潜在危险以及正确有效处置随机出现的交通状况的能力;是否具备无意识合理操纵车辆的能力;是否具备安全、谨慎驾驶意识
18.省级公安机关交通管理部门增加的考试内容	大型客车、重型牵引挂车、城市公交车、中型客车、大型货车的山区、隧道、陡坡等复杂道路驾驶考试内容	A1、A2、A3、B1、B2、	

科目三 安全文明驾驶常识考试

考试项目	考试内容	考试要点	考试目标
1.安全行车常识	日常检查与维护	出车前的检查;行车中与收车后的检查;车辆的日常维护	考核是否了解车辆日常检查与维护知识;是否熟知各类不良驾驶状态的危害及预防知识;是否掌握危险源辨识的相关知识;是否具备安全、谨慎驾驶意识
	安全驾驶状态	酒精、毒品、药物对驾驶影响的相关知识;疲劳驾驶的防范知识;不良情绪状态对驾驶影响相关知识;身体状态对驾驶的影响;分心驾驶危害与预防	

附录4 交通运输部 公安部关于印发机动车驾驶培训教学与考试大纲的通知

续上表

考试项目	考试内容	考试要点	考试目标
1. 安全行车常识	危险源的识别与预防	安全行车视距； 车辆盲区的辨识与预防； 内轮差知识； 行车观察与潜在危险的辨识	考核是否了解车辆日常检查与维护知识；是否熟知各类不良驾驶状态的危害及预防知识；是否掌握危险源辨识的相关知识；是否具备安全、谨慎驾驶意识
	安全驾驶操作要求	起步前调整； 重要的安全防护； 安全起步； 安全变更车道； 安全跟车； 安全超车、让超车； 安全会车； 安全掉头； 安全倒车； 安全停车和开车门； 路口让行规则； 安全通过学校、居民区、医院、停车场库等特殊区域； 辅助驾驶功能使用	
2. 文明行车常识	保护其他交通参与者	礼让行人和骑车人； 保护乘车人	考核是否掌握文明驾驶知识；是否具备文明、礼让驾驶意识
	与其他车辆共用道路	遇紧急车辆的处置； 礼让公交车辆与校车； 与大型车辆共行的相关知识； 驾驶机动车的其他礼让行为	

续上表

考试项目	考试内容	考试要点	考试目标
2.文明行车常识	文明使用灯光及喇叭	文明使用灯光；文明使用喇叭	考核是否掌握文明驾驶知识；是否具备文明、礼让驾驶意识
	常见不文明行为	车窗抛物、争道抢行、滥用远光灯等常见不文明行为	
3.道路交通信号在交通场景中的综合应用	路口交通信号综合应用	不同类型交叉路口交通信号综合应用	考核是否掌握实际道路驾驶时各类道路交通信号的综合应用知识
	路段交通信号综合应用	不同类型道路路段交通信号综合应用	
	特殊场所交通信号综合应用	车站、铁路道口等场所交通信号综合应用	
4.恶劣气象和复杂道路条件下安全驾驶知识	通过桥梁隧道的安全驾驶	通过桥梁的安全驾驶；通过隧道的安全驾驶	考核是否掌握复杂道路条件、恶劣气象和高速公路的安全驾驶知识
	山区道路安全驾驶	山区道路跟车时安全距离的控制；山区道路超车时的安全驾驶；山区道路会车时的安全驾驶；山区道路安全停车；山区道路坡道的安全驾驶；山区道路弯道的安全驾驶	

续上表

考试项目	考试内容	考试要点	考试目标
4.恶劣气象和复杂道路条件下安全驾驶知识	夜间安全驾驶	夜间灯光的使用要求；夜间路面的识别与判断；夜间跟车、超车、让超车时的安全驾驶；夜间会车时的安全驾驶；夜间通过交叉路口时的安全驾驶；夜间通过坡道、弯道时的安全驾驶；夜间通过人行横道时的安全驾驶；夜间车辆发生故障时的安全驾驶	考核是否掌握复杂道路条件、恶劣气象和高速公路的安全驾驶知识
	特殊道路及恶劣气象条件下的安全驾驶	雨天安全驾驶；冰雪道路安全驾驶；雾天安全驾驶；大风、沙尘天气安全驾驶；泥泞、涉水、施工道路安全驾驶	
	高速公路安全驾驶	驶入驶出收费站；安全汇入车流；行车道的选择；行车速度确认；安全距离确认；应急车道的使用；安全通过高速公路隧道、桥梁；驶离高速公路	

续上表

考试项目	考试内容	考试要点	考试目标
5.紧急情况下避险常识	紧急情况通用避险知识	紧急情况下的避险原则； 轮胎漏气、爆胎的处置； 转向失控的处置； 制动失效的处置； 车辆熄火、断电的处置； 侧滑时的处置； 碰撞时的应急处置； 倾翻时的应急处置； 发动机着火、电池起火等火灾的应急处置； 车辆落水的应急处置； 紧急情况停车的应急处置	考核是否熟知紧急情况下的临危处置的基本知识
6.防范次生事故处置与伤员急救知识	事故处置与防范次生事故	事故处置原则； 事故现场处置常规方法； 防范隧道事故和次生事故等交通事故预防知识； 常见危险货物运输车辆发生交通事故后的处置与个人防护	考核是否掌握事故现场处置和防范次生事故方法；是否熟知伤员自救常识
	伤员自救、急救	伤员急救的基本要求； 伤员的移动； 失血伤员的急救； 烧伤者的急救； 中毒伤员的急救； 骨折伤员的处置	

附录4 交通运输部 公安部关于印发机动车驾驶培训教学与考试大纲的通知

续上表

考试项目	考试内容	考试要点	考试目标
7.典型事故案例分析	典型事故案例驾驶行为分析	典型事故违法行为分析；典型事故不安全驾驶行为分析	考核是否掌握典型事故案例事故致因以及事故预防知识
	典型事故案例经验教训	典型道路交通事故客观成因；典型道路交通事故预防知识	
8.地方试题	省级公安交通管理部门根据实际确定的考试内容		考核本地实际确定的安全文明驾驶常识

附录5

交通运输部关于发布《轻型牵引挂车驾驶员培训基本业务条件(试行)》的公告

（交通运输部公告 2022 年第 26 号）

为贯彻落实《交通运输部 公安部关于印发机动车驾驶培训教学与考试大纲的通知》(交运发〔2022〕36 号)有关要求，统筹做好机动车驾驶培训与考试制度衔接，规范轻型牵引挂车培训业务，交通运输部组织编制了《轻型牵引挂车驾驶员培训基本业务条件(试行)》，现予以发布。待《机动车驾驶员培训机构资格条件》(GB/T 30340)、《机动车驾驶员培训教练场技术要求》(GB/T 30341)等标准修订实施后，《轻型牵引挂车驾驶员培训基本业务条件(试行)》自行废止。

交通运输部
2022 年 3 月 31 日

附录5 交通运输部关于发布《轻型牵引挂车驾驶员培训基本业务条件（试行）》的公告

轻型牵引挂车驾驶员培训基本业务条件（试行）

1 范围

本文件规定了机动车驾驶员培训机构开展轻型牵引挂车驾驶培训业务的基本要求、驾驶操作教练员、教练车、教练场地等条件。

本文件适用于从事轻型牵引挂车驾驶员培训业务的机动车驾驶员培训机构。

2 规范性引用和参考文件

下列文件中的内容在文中作规范性引用或重要参考。其中，注日期的引用文件，仅该日期对应的版本适用于本文件；不注日期的引用文件，其最新版本（包括所有的修改单）适用于本文件。

GB 4785 汽车及挂车外部照明和光信号装置的安装规定

GB 7258 机动车运行安全技术条件

GB/T 30340 机动车驾驶员培训机构资格条件

GB/T 30341 机动车驾驶员培训教练场技术要求

GB/T 36121 旅居挂车技术要求

GA/T 1029 机动车驾驶人考试场地及其设施设置规范

3 机动车驾驶员培训机构基本要求

开展轻型牵引挂车驾驶员培训的机动车驾驶员培训机构应具备大型客车、牵引车（重型牵引挂车）、城市公交车、中型客车、大型货车、小型汽车、小型自动挡汽车中至少一种车型培训业务相应的经营条件，且经营条件应符合GB/T 30340的要求。

4 驾驶操作教练员

4.1 开展轻型牵引挂车培训的驾驶操作教练员应具备下列条件：

a）持有重型牵引挂车或轻型牵引挂车的机动车驾驶证，具备轻型牵引挂车安全驾驶技能；

b）年龄不超过60周岁；

c）具有3年及以上安全驾驶经历；

d）掌握道路交通安全法规、驾驶理论、机动车构造、交通安全心理学、预见性驾驶和应急驾驶的基本知识，熟悉车辆维护和常见故障诊断、车辆环保和节约能源的有关知识，具备驾驶要领讲解、驾驶动作示范、指导驾驶的教学能力。

4.2 机动车驾驶员培训机构不得聘用最近连续3个记分周期内有交通违法记分满分记录或发生交通死亡责任事故、组织或参与考试舞弊等情形的人员从事轻型牵引挂车教学活动。

4.3 机动车驾驶员培训机构应选择具有2年及以上机动车驾驶操作教学经历的教练员从事轻型牵引挂车驾驶操作教学活动，宜选择具有1年及以上重型牵引挂车驾驶操作教学经验的教练员从事轻型牵引挂车驾驶操作教学活动。

4.4 开展轻型牵引挂车教学的驾驶操作教练员的配置数量应不少于相应车型教练车总数的100%。

5 教练车

5.1 教练车数量

机动车驾驶员培训机构可根据市场需求自行决定轻型牵引挂车教练车的配置数量，且所有车型教练车的总数应满足GB/T 30340中9.2的要求。

附录5　交通运输部关于发布《轻型牵引挂车驾驶员培训基本业务条件（试行）》的公告

5.2　教练车技术参数

5.2.1　轻型牵引挂车教练车是由牵引车和中置轴挂车组合形成的汽车列车,总车长不小于10m且总质量小于4500kg。

5.2.2　轻型牵引挂车教练车的牵引车的车宽不小于1.7m、轴距不小于2.8m,中置轴挂车的箱体尺寸不小于4.0m(长)×2.0m(宽)×1.5m(高)。

5.3　教练车技术状况与配置

5.3.1　牵引车和中置轴挂车的技术状况应符合GB 7258的技术要求。

5.3.2　牵引车的牵引能力应大于或等于1500kg,中置轴挂车总质量应大于或等于1000kg且小于牵引车的牵引能力,与乘用车整备质量之比符合GB 7258相关规定。

5.3.3　中置轴挂车与牵引车应使用电连接器进行电路上的连接,电连接器、电缆线的型号和尺寸应相互匹配;中置轴挂车的外部照明和光信号装置应符合GB 4785的规定,照明和光信号装置功能正常。

5.3.4　中置轴挂车应配备挂车驻车停放时的专用支承装置,安装可收起的前导向轮,其承载能力与作用于前车的垂直载荷匹配。

5.3.5　中置轴挂车的挂车牵引杆应配备安全链,安全链长度大于控制连接线长度,其强度确保车辆在失控时不能断裂。

5.3.6　应安装紧急制动系统,在机械连接失效时,确保中置轴挂车起到制动作用。

5.3.7　轻型牵引挂车教练车应装有副后视镜、辅助喇叭开关、副制动踏板、车载计时计程终端、灭火器、停车楔及其他安全防护装置;牵引车的后视镜应满足观察中置轴挂车及周边交通情况的需求。

5.4 教练车标识

教练车标识应符合省级交通运输主管部门有关统一标识的要求。

6 教练场地

6.1 场地训练项目设施、设备及道路条件

6.1.1 机动车驾驶员培训机构教练场地的单车道训练道路的行车道宽度不小于3.5m、圆曲线半径不小于30m,双车道训练道路的行车道宽度不小于6.5m、圆曲线半径不小于65m。

6.1.2 机动车驾驶员培训机构应根据轻型牵引挂车教练车的数量相应地设置倒车移位、曲线行驶和直角转弯训练项目设施,宜具有一段用于教练车进行倒车训练的路段。训练项目设施配置数量要求见表1。

轻型牵引挂车驾驶训练项目设施配置数量要求　　表1

序号	名称	设施配置数量
1	倒车移位	该车型教练车数量小于或等于3辆时,设置1个;大于3辆时,每增加1~3辆该车型教练车,增设1个
2	曲线行驶	该车型教练车数量小于或等于6辆时,设置1个;大于6辆时,每增加1~10辆该车型教练车,增设1个
3	直角转弯	该车型教练车数量小于或等于6辆时,设置1个;大于6辆时,每增加1~10辆该车型教练车,增设1个

6.1.3 在不影响训练秩序和训练安全的条件下,轻型牵引挂车可以组合利用大型客车、重型牵引挂车、城市公交车或大型货车的训练项目设施开展训练。

6.1.4 机动车驾驶员培训机构教练场设置的轻型牵引挂车驾驶训练项目设施的技术要求见表2。

附录5 交通运输部关于发布《轻型牵引挂车驾驶员培训基本业务条件（试行）》的公告

轻型牵引挂车驾驶训练项目设施技术要求   表2

序号	名称	设置方法与技术要求	图示
1	倒车移位	（1）利用桩杆和标线设置模拟车位； （2）甲、乙车位尺寸相同：长 L 不小于1.8倍总车长，宽 W 不大于挂车宽加1.2m； （3）甲、乙车位外边线与起止线的距离 h 均为1.5倍总车长； （4）行车道宽 S 为1.5倍总车长	
2	曲线行驶	（1）设置连续圆弧曲线路； （2）外圆半径 R 为12.15m； （3）弧长 L 为3/8圆周长； （4）行车道宽 S 为4.3m	
3	直角转弯	（1）直角弯路长 L 不小于1.5倍总车长； （2）行车道宽 S 为牵引车轴距加3m	
4	倒车训练	（1）路段的直线长不小于50m，道路宽不小于6.5m； （2）非专门设置时，设置必要的警示标志	—

6.2 场地规模

6.2.1 机动车驾驶员培训机构在新增轻型牵引挂车培训业务后,级别发生变化的,教练场地规模应满足 GB/T 30340 中 10.1 的要求。

6.2.2 机动车驾驶员培训机构在新增轻型牵引挂车培训业务后,级别未发生变化的,教练场地规模应符合以下要求:

a) 现有教练场地可以同时满足原有教练车和新增轻型牵引挂车培训所需的训练场地条件的,无需增加教练场地面积。

b) 教练场地仅能满足原有教练车培训所需的训练场地条件的,应在原训练场地基础上相应增加教练场地面积:

1) 新增轻型牵引挂车教练车数量小于或等于 3 辆的,教练场地面积增加值为 $2000m^2$。

2) 新增轻型牵引挂车教练车数量大于 3 辆的,教练场地面积在满足 1)的基础上,按照每增加 1~3 辆轻型牵引挂车教练车再相应地递增 $1200m^2$。